もっと イギリス英語で しゃべりたい！

UKイントネーション・パーフェクトガイド

〈新装版〉

小川 直樹
ナディア・マケックニー　著

研究社

もっとイギリス英語でしゃべりたい！〈新装版〉
UK イントネーション・パーフェクトガイド

Let's Speak British English! 2
The Perfect Guide to UK Pronunciation and Intonation

PRINTED IN JAPAN

はじめに
イギリス英語らしさは韻律が決め手

　イギリス英語（British English; BE）の発音を扱った参考書の多くは、母音と子音だけを扱っています。しかし BE らしさは、母音と子音だけから生まれるわけではないことを、みなさんはご存じでしょうか。

　BE らしさを本当に生み出しているのは、実はリズムやイントネーションです。アメリカ英語（American English; AE）らしさもリズムやイントネーションにあらわれます。以下、リズムとイントネーションの両方をまとめて言う場合には、「韻律」という単語を使うことにします。

　そんなわけで、韻律については前著『イギリス英語でしゃべりたい！』でも、少しばかり扱いました。とはいえ、まだまだ十分ではありません。韻律は奥深いのです。

　韻律は扱いがむずかしく、十分な知識がなければ書けません。日本で出版される BE の発音本のほとんどが母音と子音しか扱っていないのは、それだけなら十分な知識がなくても、なんとか書けてしまうからです。

　しかし今の時代は、多くの人が発音に敏感になっています。昔だったら、英語はちょっとくらい発音がひどくても許されましたが、今では発音が悪いとバカにされてしまいますよね。

　特に BE に関しては、かなりマニアックに興味を持つ人が多いのです。というのも、日本での英語の主流は AE です。BE に興味を持つ人も増えてきてはいるとはいえ、やはり少数派です。しかし、逆に少数派はこだわりが強いのです。そのため、母音と子音だけの解説では、満足できない人が増えているのです。

　実際、ボクのもとにも、BE の発音を詳しく習いたいと個人指導を願い出る人がいます。正直、個人指導となると、受講料は決して安くありません。それでも BE を身につけたいからとやって来るわけです。

　そんな BE マニアのみなさんのご期待に教材を通じて応えるには、BE らしさを詳しく説明すること、そして読者のみなさんがそれを実際に発音できるようにていねいに導くことが必要です。

　ところで、BE の教材には、中上級者向けに、生の英語をたくさん収録したものも売られています。でも、そういった教材には細かい発音上の解説が付いていないことが多いのです。スクリプトでは、こう書いてある。でも、それが

どうしてそんな発音になるのか、いっさい情報がない。情報がないから、そんなものかと思うしかない。そんな教材がけっこうあるのです。これでは聞き取れるようになりませんし、BE らしく話せるようにもなりません。

　実際にイギリスで生活し、生の BE に触れている人の中には、そのむずかしさを痛感している人がたくさんいます。そんな人たちのために、ボクは前著『イギリス英語でしゃべりたい！』を執筆しました。そして、とてもうれしいことに、何年もイギリスに住んでいる人から、この本のおかげで今まで聞き取れなかった BE がよくわかるようになった、という声が少なからず寄せられています。

　前著では、韻律は本の中身の 1/3 弱程度の扱いでした。しかし、本書『もっとイギリス英語でしゃべりたい！』は、まさにこの部分の解説に重点を置きました。リアルなイギリス英語を本当に理解し、再現してみたいと思われる人たちは、ぜひ本書でボクと一緒にトレーニングを積んでいただきたいと思います。

　本書の英文とコラムはロンドン育ちで、現在は日本でライターやナレーターの仕事をしている Nadia McKecknie さんが作成しました。イギリスに行けば実際に耳にするような、リアルな文章を書いてもらうようにしました。
　ナディアさんは本書の録音も担当しており、起伏に富んだ現代的な BE を非常にリアルに再現しています。もう一人のナレーターである BE ナレーションの第一人者 Michel Rhys さんは、ほれぼれするようなプロらしいなめらかで明快な標準発音を披露してくれています。
　本書の韻律の記述は、この二人による音声を、ボクが耳で聞いて分析した結果です。このお二人なしでは、本書は成立しませんでした。最大級の感謝をあらわしたいと思います。
　また、本書の刊行にあたっては、研究社の金子靖さんと大谷千明さんの辛抱強い協力も不可欠でした。さらに金子さんには新装版刊行にあたり、ダウンロード方式に切り換える作業をはじめ、いろいろとお世話になりました。お二人には、特段の感謝をあらわしたいと思います。

2024 年 1 月
小川直樹

目 次

Part I 基礎編　1

音声ダウンロードについて

　アイコンのついた「ダウンロードフォルダー 1」に収録されている会話・長文も、「ダウンロードフォルダー 2」にあるフレーズやセンテンスごとにより細かく区切った音声データも（どちらも MP3）、研究社のウェブサイト（www.kenkyusha.co.jp）から無料でご利用いただけます。研究社ウェブサイトから、以下の手順でダウンロードしてください。

(1) 研究社ウェブサイトのトップページで「音声・各種資料ダウンロード」をクリックして「音声・各種資料ダウンロード」のページに移動してください。

(2) 移動したページの「もっとイギリス英語でしゃべりたい！〈新装版〉」の欄に「ダウンロードフォルダー 1」と「ダウンロードフォルダー 2」のボタンがありますので、ひとつずつクリックして、どちらにも以下のユーザー名とパスワードを入力してください。

　ユーザー名 guest
　パスワード MottoBritish2024

(4) ログインボタンを押すと、フォルダーおよびファイルのダウンロードが始まります。ダウンロード完了後、解凍してご利用ください。

　音声ファイルの内容は、以下のとおりです。

「ダウンロードフォルダー 1」		
フォルダー	DOWNLOAD1 001 ～	DOWNLOAD1 079
「ダウンロードフォルダー 2」		
フォルダー 1	DOWNLOAD2 01 001 ～	DOWNLOAD2 01 022
フォルダー 2	DOWNLOAD2 02 001 ～	DOWNLOAD2 02 008
フォルダー 3	DOWNLOAD2 03 001 ～	DOWNLOAD2 03 024
フォルダー 4	DOWNLOAD2 04 001 ～	DOWNLOAD2 04 054
フォルダー 5	DOWNLOAD2 05 001 ～	DOWNLOAD2 06 057
フォルダー 6	DOWNLOAD2 06 001 ～	DOWNLOAD2 06 058

本書の使い方 ···

1 イギリス英語による英文、会話、長文のナレーションを収録しました。英文の音声はすべてダウンロードでご利用いただけます。
一部、AE (アメリカ英語) と BE (イギリス英語) の両方を収録したものには、米 (🏳) 英 (🏴) のアイコンを付けています。

◆ 降昇調の会話例

ポイントは、降昇調です。1 単語にかぶさる降昇調がかなりの頻度で使われています。かなり BE らしいイントネーションの会話です。

 読んでみよう

Two flatmates chat about books.

Tony: Good book?
Melissa: Yes, it's really good actually. I can't put it down.
Tony: What's it about?
Melissa: Well, it's about this man who goes on holiday to Spain and while he's there he meets this woman who seems to be really ordinary, only she's not what she seems.

ルームメイトの 2 人が本についておしゃべりする
トニー いい本なの？
メリサ ええ、ほんとにいいわよ。読むのをやめられないの。
トニー 何についての話なの。
メリサ そうね、休暇でスペインに来たある男の人についての話なんだけど、その人は滞在中にある女に出会うの。その女は一見フツーに見えるんだけど、実はそうではないのよ。

イントネーション

Two flatmates | chat about books.

Tony: ①Good book?

Melissa: ②Yes, ③it's really good actually. ④I can't put it down.

2 本書は特に「イギリス英語のイントネーション」を深く考察しています。上昇調 (↗)、下降調 (↘)、平坦調 (→)、降昇調 (↘ ↗) などのほか、文字の大きさや太さによって示された音の強弱に注意しながら、よくダウンロード音声を聴いてください。

3 2で記したイギリス英語のイントネーションについて、詳しく解説しています。

Tony: ⑤What's *it* about?

Melissa: ⑥Well, ⑦*it's* about this **man** ⑧*who* goes *on* holiday *to* **Spain** ⑨and while *it's* there *it* meets this **woman** ⑩who seems *to to* really **ordinary**, ⑪only *it's* **not** | what *it* **seems**.

解　説

Two flatmates | chat about books. `DOWNLOAD2 03 01`

　タイトルは出だしを高く、主部でいったん下降調をかぶせて、句切りを入れています。述部は1語ずつ階段状に下がっています。最終的には books が核になります。下降調です。ここでは声がだいぶ小さくなっています。

①Tony: Good **book**? `DOWNLOAD2 03 02`

　上昇調で、句末原則にしたがっています。すでに第4章で見たように、yes-no 疑問文で上昇調を使うのは、BE では珍しいくらいです。ただここでは、単語数が少なく、疑問文を示す倒置もないので、イントネーションで示すほかありません。そのため、上昇調が使われています。

②Melissa: **Yes**, `DOWNLOAD2 03 03`

　かなり声が高くなった下降調で、勢いのある積極的な答え方をしています。

③*it's* really **good** actua...

　good が核で下降調です。ac...
...になっています。actually は...

---

4 会話、長文の英文を1センテンス、1フレーズごとに繰り返して聴けるリピート音声を用意しました（ダウンロードファイル2）。3の解説を読みながら、何度も聴いて、再現してみてください。

　リピート音声の入った「ダウンロードファイル2」も研究社のホームページ（www.kenkyusha.co.jp）からダウンロードできます（MP3 データ）。ダウンロード方法はviiページをご覧ください。

第5章

Part I
基礎編

「イギリス英語がすごく速く聞こえる理由は?」
「イントネーションって何?」
「イギリス人みたいに話すコツを教えて」――
イギリス英語の極意を、一からていねいに解き明かします。

1 驚愕のテキパキ感
BE のリズム

◆ BE はわかりやすいし、聞きやすい？

　以前は、AE に比べて、BE はわかりやすいし、聞きやすい、と言っている人によく出会いました（今でもそう思っている人がいるかもしれませんが…）。

　確かにエリザベス女王の英語を聞けば、ゆっくりだし、響きもやわらかで、1 つひとつの単語がはっきりわかります。BE はわかりやすいという人は、おそらくこんなイメージを持っているのだと思います。

　でも、残念ながら、イギリスに女王は 1 人しかいないのです。貴族にしてもわずかです。多くは庶民です。その人たちは、残念ながら、女王とは異質の英語を話しています。

　「いやいや、自分の習っていたイギリス人の先生もわかりやすかったよ」とおっしゃる方もいるかもしれません。でも、その先生が、家族やイギリス人の友達と話しているのを聞いたことがありますか。そんなときにその人が話す英語は、必ずしもわかりやすくはないはずです。そう、おそらくその先生は、授業で日本人のみなさんに話すときは、努めてわかりやすく発音しようとしているのです。

◆ 現地の英語はわからない

　イギリス、特にロンドンに行ったことがありますか。そこで地元の人に触れてみて、「BE はわかりやすい」と感じる人は、はたしてどれだけいるでしょうか？　留学やビジネスなどで一定期間イギリスに滞在するようなことがあれば、そのむずかしさにショックを受けるはずです。

　実際、ボクも 20 代でイギリスに初めて行った際に、まさにそんな思いに襲われました。すでに英語についてはある程度の知識を備えていたし、BE についてもかなり勉強していたつもりでした。でも、いざロンドンに降り立ち、街中でホテルまでの道を尋ねたところ、相手の言っていることがほとんどわかりませんでした。

その後しばらくは、「今まで、ず～っと英語を勉強してきたつもりだったけど、いったいボクは何をしていたんだ？」という思いに何度も駆られました。それほど BE がわからなかったのです。

◆ 衝撃のテキパキ感

では、BE のどんなところがむずかしいのでしょうか？　そして、AE とどんなところが違うのでしょうか？

BE の発音の大きな特徴の 1 つに、「**テキパキ感**」があります。AE に慣れている日本人は、この感じに大いに驚いてしまいます。AE は、ゆったりしたリズムで話されるため、「響き」はかなりゆったりして聞こえます。そんなリズムに慣れた日本人は、BE の「テキパキ感」、そして「スピード感」に面食らってしまいます。だから英語に自信のある人でも、現地で予想以上に速い英語を聴かされて、うろたえてしまうのです。

◆ テキパキ感の原因

では、何がこの「テキパキ感」「スピード感」をもたらしているのでしょう？

まず「リズム」の問題があります。英語のリズムは、強弱からなります。強い部分は、大きく、長く、はっきりと、発音されます。それ以外は、小さく、短く、あいまいに、発音されます。

AE のリズム

強　⇒　**大きく、長く、はっきりと**
弱　⇒　小さく、短く、あいまいに

AE の場合、強弱の差は上のような感じだとしましょう。でも、この差が BE では、下のような感じになるのです。

BE のリズム

強　⇒　**大きく、長く、はっきりと**
弱　⇒　小さく、短く、あいまいに

同じ「大きく、長く、はっきりと」でも、AE のほうがやわらかく、より長く発音され、弱まり方もゆるいのです。

　BE では、強い部分が長くなるにはなるんですが、伸び方が小さいのです。そして、全体的にしっかり、はっきりした発音になります。一方、弱まりの度合いはひどく大きいのです。

　強弱のセットの繰り返しをイメージしたのが、下の図です。どちらも 5 つの山からなっています。BE のほうが 1 つひとつの山が短いので、AE に比べてかなり早く終わってしまいます。

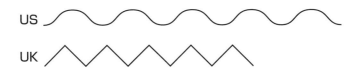

（拙著『イギリス英語でしゃべりたい！』p.84 より）

◆ 何が短い？

　では、具体的にはどんな音がこのような差を生むのでしょうか。
英米の母音で、この差がはっきり出るものが 2 つあります。図のように 5 つ山のある例で見ていきましょう。

　まず 1 つは、スペリングでは -o- で表わされるものです。

Tom got a lot of boxes at the shop. 🇺🇸🇬🇧
（トムは店でたくさんの箱を買った。）

　AE では、Tom, got, lot, boxes, shop の母音はすべて [ɑ] です。[ɑ] は口を最大限に開けた「ア」です。実は、この AE の [ɑ] は、かなり長いのが特徴です。そのため、学者によっては [ɑ:] と表記することもあります（[:] は伸ばす記号）。一方、BE ではここで [ɒ] という母音を使います。これは、口を最大限に開けて、わずかに唇を丸めた「オ」です。[ɒ] は短く一気に発音されます。その結果、この例文は AE ではゆっくり波打つように発音されますが、BE ではかなり短くあっさりした響きになります（録音では、英米の母音の音質差はかなり小さめです）。

もう 1 つが -a- で表わされる母音です。例を見てください。

The cat ran to catch the rat in the lab. 🇺🇸🇬🇧
（研究室で猫が走ってネズミをつかまえようとした。）

TRACK 03

辞書では、この -a- に英米で同じ [æ] が使われています。しかし、実際には英米でかなり違った音質になります。

AE では、「エ」の成分の強い、長い母音です。ときには [ɛːə] といった二重母音のようにもなります。

BE での [æ] は、「ア」の成分が強く、また短いのが特徴です。学者によっては、この母音を [a] と表記します。これは口の前のほうで出す「ア」です。実は BE の [æ] は、日本語の「ア」で代用しても、大きな違和感がないのです。

このように、-o- や -a- というかなりの頻度で使われる母音字の音質ばかりでなく、音の長さにも、英米で差が出てしまうのです。ちなみに AE の発音をしっかり身につけた人が、BE の発音を学ぶ際には注意が必要です。BE のあっさりした [æ] に、AE のこってり長い [æ] のくせが出てしまいやすいからです。

◆ 弱音節の弱さ、短さ

もう 1 つ、BE が速く聞こえる理出は、弱音節（強勢のない音節）が非常に弱く、短く、あいまいになるということです。その弱化の度合いは、AE よりもはるかに極端です。

スペリングで r を伴う弱音節で、その傾向は明らかです。例えば、以下の 2 語で見てみましょう。

	AE	BE
teach**er**	[tíːtʃɚ]	[tíːtʃə]
Oxf**or**d	[áːksfɚd]	[ɒ́ksfəd]

TRACK 04

🇺🇸🇬🇧

BE では、下線部はともに [ə] です。これは非常に弱く短い母音です。BE の teacher はカタカナで書けば「ティーチャ」なのです。決して、「ティーチャー」ではありません。

一方、AE の teacher の -er は [ɚ] です（従来の表記なら [ər]）。AE だと、-er は BE より長く発音されます。カタカナで表記すれば「ティーチャー」という具合です。

　Oxford は、強勢母音が、AE [ɑ], BE [ɒ] です。そのため、強勢音節、弱音節ともに長さに差があり、全体ではかなりの違いになります。

　BE ではあっさり短い「**オ**クスファド」です。-ford も「フォード」からは程遠い「ファド」です。

　AE では、この -ford は弱いながらも、多少長さがあります。強勢母音も含めると、「**アー**クスフォード」のような表記でも違和感がありません。

◆◇ BE は強勢の数が少ない

　もう 1 つ BE が速く聞こえる理由があります。それは、**長い単語での強勢の数が少ない**ということです。

　library, dictionary といった今では小学校で習うような単語や、secretary などがその例です。

	AE	BE
library	[láɪbrèri]	[láɪbri]
dictionary	[díkʃənèri]	[díkʃənri]
secretary	[sékrətèri]	[sékrətri]
laboratory	[lǽb(ə)rətɔ̀ːri]	[ləbɒ́rətri]

John showed me around the laboratory where he works. 🇺🇸🇬🇧
（ジョンは自分の研究室を私に見せてくれた。）

　AE では、こうした語に第 2 強勢が付きます。その分、ゆっくり発音されます。

　一方、BE では、ここに挙げた単語の強勢の数は 1 つだけ。すると、こういった長めの単語は、一気に発音されることになります。その結果、AE で第 2 強勢が付いている母音が省略され、音節数も 1 つ減ります。

　さらに、library の -r- ように、後半部分で同じ文字が 2 つあると、そのうち最初の 1 つが落ちてしまうことすらあります。

　実はこういった現象は、地名にも見られます。サイモンとガーファンクルの

歌の「スカボロフェア」の Scarborough で見てみましょう。

	AE	BE	
Scarborough	[skáɑ̩.bə̀.:roʊ]	[ská:brə]	

BE では、強勢が 1 つになることで、母音の数（音節数）も 1 つ減っています。発音記号の見た目も、非常に短くなっていますね。

単純に音節数で考えても、BE は AE の 2/3 ということです。ましてや AE には強勢が 2 つあり、強勢では母音が長くなります。それゆえ、2 つ強勢のある AE は相当な長さになります。一方、BE では、強勢は 1 つ。そのため、BE の Scarborough はかなりの速さに聞こえるのです。

◆ 音節が減る

また、強勢の数は英米同じ単語でも、BE では、一度にできるだけ多くの文字を発音しようとします。結果として、母音が落ちるなどして、音節数が AE より少なくなることがよく起こります。

	AE	BE
medicine	[médəsn]	[médsn]

MY GP gave me a prescription for some medicine.
（かかりつけ医に薬を処方してもらった。）

AE では [mé·də·sn] と 3 音節ですが、BE では [méd·sn] と 2 音節です。

このように音節が減る現象は、日常的に使われる長めの単語が、くだけた感じで発音される際に、よく見られます。特に absolutely に至ってはお手上げといってもよいほどです。

	BE 標準発音	カジュアル発音
absolutely	[æbsəlú:tli]	[æbsli] [æbsi]
miserable	[mízərəbl]	[míʒɚbl]

| particularly | [pətíkjʊləli] | [pətíkjəli] |
| probably | [próbəbli] | [próbli] |

No, sorry, I have absolutely no idea.
（いえ、すみませんが、まったくわかりません。）

Rail commuters are facing a miserable Monday morning as heavy rain and strong winds look set to cause further delays and cancellations in the South-East.
（電車通勤の人々は悲惨な月曜日の朝を迎えています。南東部で、大雨と強風により、電車の遅延と運転中止が続くようです。）

◆ 単語間でも音節は減る

BE では、母音が落ちて音節が減る現象は、単語間でも起こります。

よく起こるのが、疑問文の出だしの do you です。この do の母音が落ちて、you と結びつき、1 語のように発音されるのです。[dju][djə] がそれです。しかし、そこからさらに音変化が起こり、[dʒə] といった感じにすらなります。こうなると、もとの do you にたどり着けません。

do you　　→　[dju] [dʒu]（ややはっきりした音形）
　　　　　　　 [djə] [dʒə]（かなり崩れた音形）

Do you want to come?
（あなたも来ない？）

Do you think it's a bit short?
（ちょっと短いかな？）

ただ、do you は、d'you という表記が存在しますから、この短縮化は、想像できなくはないのです。

でも、do you と非常に似た形の短縮化で、知られていないものがあります。それは、to you です。この to の母音が落ちて、you と結びつくのです。そして、[tju] [tʃu]、さらには [tjə] [tʃə] となるのです。これは、BE でよく起こります。

to you　→　[tju] [tʃu]（ややはっきりした音形）
　　　　　　[tjə] [tʃə]（かなり崩れた音形）

Nice to talk to you.　[tʃu]
（お話できて、うれしいです。）

I just wanted to talk to you [tʃu] **about something to do with the wedding.**
（結婚式について、あなたと話がしたかったの。）

to や、you 以外の代名詞でも、この母音の脱落は起こります。たとえば into his が [ɪntʰɪz]「インティズ」のようになることがあります。into の -o が落ちて、[t] が次の [h] とつながった結果、息の擦れる音が響く、強い [t]（[tʰ]）があらわれているように聞こえるのです。

I knew I was in trouble when my boss called me into his office.
（上司が私を部屋に招き入れたとき、面倒なことになったと思った。）

◆◆機能語が消える

　助動詞や前置詞などの機能語は、通常弱く発音されます。BE では、その弱まり方が非常に大きいのです。その結果、消えてしまうこともあります。これは、日本人には想像できない現象です。なぜなら、日本語では、1 文字 1 文字を滑舌よく、はっきり発音するのがよいとされているからです。
　英語では、主役である**内容語**（名詞・動詞・形容詞・副詞など）さえ際立てば、十分情報が伝わります。機能語は脇役にすぎません。だから弱まるわけです。
　さらに BE では、機能語が聞こえなくなるまで弱まることもよく起こります。例を挙げましょう。以下の例文は文字だけ見れば、まったく簡単な疑問文です。ところが、音声ではどう聞こえるでしょうか。

What are you eating?
（何を食べてるの？）

聞こえるのは「ゥワッツィーティン」ではないでしょうか。are はどこでしょう。you もないように聞こえます。これほど機能語は弱まるものなのです。

また、次の文はどうでしょう。

OK, I'll be there as soon as I can.
（わかった、できるだけ早く行く。）

赤字の部分は、文字で見ると確かに as soon as です。でも、聞いてみると、since に近いような音です。2 つの as は消えてしまったかのように、弱まっているのです。なお、2 番目の as では -s がかろうじて [s] のような形で残っています。soon の [u:] は、円唇が弱く、「イー」に近く聞こえます。その結果、赤字の部分は since に近く聞こえるのです。

このように、BE では、機能語がただごとではないくらい弱まる、ということが頻繁に起こるのです。ただ、機能語は重要ではありません。だからこそ、聞こえなくなるくらい弱まるのです。これを知っているだけで、聞き取りは楽になります。

◆ 一気に発音する

BE が速く聞こえて、わかりにくい原因をいろいろ述べてきました。そして、最後にもう 1 つ、それらを踏まえたからこその決定的な要因があるのです。1 音節が短いからこそ、そして単語は音節数を少なくして発音するからこそ、できること。

一息で言える単語数が多くなるということ。つまり、一度に多くの単語が一気に発音されるのです。その結果、メチャメチャ速く感じるわけです。

この一気に発音する傾向は、なぜか女性の話し方に非常によく観察されます。まずは、p.9 でも見た例です。最初に聞いたとき、びっくりした人もいたかもしれません。それもそのはず。一気に 14 語が発せられていて、しかも to you が [tʃu] のように発音されていたのですから。

I just wanted to talk to you about something to do

with the wedding.
（結婚式について、あなたと話がしたかったの。）

　聞き手にとって困るのは、この一気に発音する言い方が疑問文にもあらわれることです。

If you're going to the newsagents, could you get me a packet of crisps and some sweets?

TRACK
17

（ニューススタンドに行くなら、私にポテトチップス 1 袋とお菓子を買ってきてくれませんか。）

　どうでしょう？　この文は、if 節で始まっているので、まだ心の準備がしやすいかもしれませんが、質問の内容は、日本人には想像しにくいものです。newsagents は、その意味を知っていたとしても、キオスクのイメージですよね。そこでお菓子を買ってきてくれないか、という質問はちょっと予想外です。しかも、この一気にたたみかけるような速さ！　こんな質問が飛び込んでくると、普通の日本人なら面食らってしまいますよね。

◆ 機能語は弱まるのが普通だが…

　ところで、p.9 で、BE では機能語が弱く発音され、消えてしまうこともあると説明しました。さらにやっかいなことに、機能語が弱くなると、音が変わってしまうことがあるのです。聴解上、意外にやっかいな機能語をここでもう少し詳しく見ておきましょう。

　たとえば、I'll, can, from はいつでも「アイル」、「キャン」、「フロム」と発音される──私たちは、そう信じて疑いません。でも、実際はそうではありません。I'll は [al]、そして、can は [kn]、from は [fm]（それぞれ鼻から息を抜くようして発音する「クン」、「フム」）となるのです。

　以下の文には、from が 2 回使われています。よく聴いてみてください。

A 75-year-old man from Norwich, who went missing after discharging himself from hospital, against doctor's

TRACK
18

advice, has been found safe and well in Balham, London.

（ノーリッジ出身の 75 歳の高齢男性が、医師が止めるのを聞かずに病院を抜け出し、行方不明になっていましたが、ロンドンのバラムで無事に保護されました。）

＊語注 Norwich [nɔ́rɪdʒ] イングランド東部 Norfolk 州の州都，
Balham [bǽləm] ロンドン南西の地域。

　最初の from は弱く短い [frəm] です。問題は 2 番目の from です。これは普通の速度で聞くと消えているとしか感じられません。ただ、低速再生で聞けるなら（できる人は試してみてください）、無声化した [fm] があることがわかります。これほど BE での機能語は弱まるのです。

　機能語の弱まった形は「**弱形**」と呼ばれます。この弱形を知らないために、文字で見ればわかるのに、聞くとわからないということがよく起こります。逆に言えば、弱形を知っていれば、だいぶ聞き取りは楽になるということです。さらに、もしみなさんがこの弱形を使えるようになれば、たちまち自然な英語を発音できるようになります。

　以下で機能語の弱形を紹介します（音声のスクリプトでは、小さい筆記体で表記してあります）。実例は、本書のダウンロード音声のあちこちで確認できます。ぜひ、細かいところまでよく聴いてみてください。その際、I'll は「アイル」だ、from は「フロム」だ、などという固定観念は捨てて聴くことがコツです。

TRACK
19

◆ 機能語の弱形

代名詞

I [a] [ə]*　　　　I'll [aɪl] [əl]　　　me [mi]　　　my [mɪ]* [mə]*
we [wi]　　　　us [əs]　　　　our [ɑ][a]
you [jə]*　　　　your [jə]*
he [i]　　　　his [ɪz]　　　him [ɪm][əm]　himself [ɪmself]
she [ʃi]　　　her [ə]　　　herself [əsɛlf]
them [ðəm][ðm][əm]　who [u]

助動詞・be 動詞

be [bi]　　　　been [bɪn]　　　was [wəz][wz]*　　were [wə]
can [kən][kn]　could [kəd]　　do [də]　　　　does [dəz]

12

have [əv]　　　has [əz]　　　had [əd]
must [məs(t)]　　shall [ʃəl] [ʃl]　　should [ʃəd] [ʃd]
will [wəl] [əl]　　would [wəd] [əd]

接続詞

and [ən] [n]　　but [bə(t)]　　or [ə]*　　than [ðən][ðn][ən]
that [ðə(t)] (関係詞も同様)　　when [wən]

冠詞類

a [ə]　　　　　an [ən]　　　　the [ðə] [ði](母音の前)
some [səm] [sm]

前置詞

as [əz]　　　　at [ə(t)]　　　for [fə] ([f]*)
from [frəm][frm][fm]
in [ən]*　　　of [əv][ə]　　　to [tə]
with [wəð] [wəθ]

＊印の付いたものは、特にくだけた発音です。あまり頻繁に聞かれるものではありません。
また、[wz], [ʃd] など一部の表記は通常使われないものです。ただ、弱く発音すること
を強調するために、あえてこのように表記しています。

第1章

2 イントネーション基礎理論

◆ イントネーションの構造

BE の特徴は、イントネーションにはっきりあらわれます。これから、BE のイントネーションの特徴を詳しく見ていきます。

でも、その前に、英語のイントネーションの基礎を説明しておきましょう。

まず、イントネーションとは何でしょうか。

イントネーションとは、ひとまとまりで発音する単位にかぶさるメロディです。

ちなみに、ひとまとまりで発音する単位は、**音調句（イントネーション句）**といいます。音調句は、ひと息で発音する単位です。短い文（He is a lovely chap. のような文）や、句（over twenty, very much など、1 つのまとまった意味をなす 2 単語以上の集まり）がこれに相当します。

1 つの音調句には、1 回、大きな音程の変化（**トーン**）が付きます。その、トーンのあらわれる場所を**核**と呼びます。名前が示す通り、核がイントネーションの最重要部分です。

イントネーションの構造

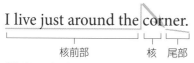

（私はちょうどその角を曲がったところに住んでいる）

核となるのは、1 つの音調句の中で最重要の単語（の強勢音節）です。

核より前の部分は、そのものズバリ「**核前部**」と呼びます。上の文では、I live just around the までが核前部です。核前部は、普通の声の高さで発音します。

ただ、BE では、核前部がかなり高く発音されることがよくあります。本書に収録した文中にも、「ダウンロードファイル 1」の音声を聴いていただければ、高い核前部をいくつも見つけられるでしょう。

一方、核のうしろの部分は、「**尾部**」と呼びます。ここでは -ner が尾部です。

核でのトーンが下降調の場合、尾部はなだらかに下がり続けます。もうこれ以上、声が下がらなければ、低く平らに発音されます。

なお、本書では、イントネーションの表記は、特に理由がない限りは、核のトーンだけで行います。これだけで、たいていの場合は、イントネーションをうまく再現できるからです。

◆ トーンの練習

イントネーションの練習の第一歩は、トーンの練習です。トーンは、核に当てはめられる音程の変化で、イントネーションの中心要素です。

最初のうちは、「上がる」とか「下がる」という感覚がつかめず、混乱してしまうかもしれません。だからこそ、まずは基本的な音程の変化をしっかり練習する必要があります。

本書で扱うトーンは、**下降調、上昇調、降昇調（下降上昇調）、平坦調**の4種類です。

実は、前作『イギリス英語でしゃべりたい！』では、下降調、上昇調、降昇調の3種類だけでしたが、本書では平坦調も追加しました。というのも、本書では、前作よりもイントネーションをもっと詳しく扱いたいからです。実際、BE では、平坦調があらゆる場面であらわれます。

では、4種類のトーンを練習してみましょう。間違えてもいいですから、声に出してみましょう。

まず、出し方のヒントです。下降調は、カラスの「カー」。上昇調はびっくりしたときの「えぇー！？」。降昇調は予想外に早く誰かが来た場合に言う「もぉお～！？」。平坦調は、ちょっとだけ感心したときの「へー」です。

TRACK 21

下降調	上昇調	降昇調	平坦調
No	No	No	No
Yes	Yes	Yes	Yes
Car	Car	Car	Car
Hay*	Hay	Hay	Hay
More	More	More	More

第2章

まるで中国語の発音練習をしているようではありませんか？　そうです、実は、この練習法は、まさに中国語の練習法を参考にしています。中国語では、四声（4つのトーン）を最初に徹底的に練習します。だからこそ、中国語らしい発音ができるようになるのです。英語でも、最初にしっかりトーンを練習することで、英語らしいイントネーションが出せるようになります。

＊ hay　干し草の意。

◆ 下降調が一番大事

　では、まずは下降調の練習をします。下降調は、もっとも大事なトーンです。実は、トーンのあらわれる比率は、だいたいこんな感じです。

下降調５：上昇調２：降昇調１：分離降昇調１：平坦調１

＊イギリスの高名な言語学者 David Crystal 氏の論文 "Review of Intonation and Grammar in British English by M. A. K. Halliday" を参考にした数値です。

　下降調は、出現率が5割を超えるトーンです。そして本書では、5割どころではないほど頻繁にあらわれます。だからこそ、下降調を使いこなせれば、BE のイントネーションもうまく表現できるようになるわけです。
　ところが、日本人には、この下降調のトーンが簡単そうで、実際はむずしいのです。日本人が普段使う音域が、英語に比べると、はるかに狭いからです。そのため、われわれ日本人には、英語らしい、大きな音程差のある下降調をな

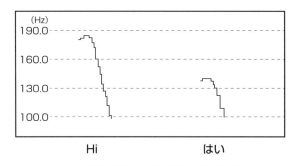

（拙著『理屈でわかる英語の発音』NOVA、2000 年、p.74 より）

かなかうまく使いこなせません。

　たとえば、日本語の「はい」と英語の挨拶の Hi! で比べると、それがよくわかります。

　日本語の「はい」は、「は」が高く、「い」が低い、一種の下降調です。でも、高低差の小さい、穏やかな下降です。

　一方、英語の Hi! は、音域が広いんです。かなり高いところから、ぐーっと急激に下がります。その音程の差は、なんと約 1 オクターブです！　そして長く発音します。

　そのため、英語の挨拶で、日本語の「はい」を当てると、まったく英語らしさがあらわれないのです。

　ですから、まず英語らしい高低差の大きな下降調をしっかり身につけてください。それだけで、みなさんの英語は急に英語らしくなります。

　ところで、下降調によって表現されるのは、大きく分けて「**断定**」「**新情報**」「**完結**」の 3 つです。つまりこのトーンがかぶさる情報は、

　①話者によって断定されている情報
　②聞き手にとっては新しい情報だから伝えてあげよう、と話者が思っている
　　情報
　③これ以上は続かない、ひとまず言葉を区切ろう、と話者が思っている情報

のいずれかになります。

◀ 下降調の練習

　では、下降調の練習をしてみましょう。

　英語の下降調は、高いところから一気に下がります。カラスの「カー」の鳴き声のイメージです。英語らしい下降調を出すには、まず出だしで声を高く上げることが必要です。

　ところで、出だしで声を高く上げるため、下降調のことを「上昇調」と勘違いしてしまう人がよくいます。日本語で、「ぼく**は〜**、英語**の〜**、勉強**が〜**…」のような感じで話す人がいるかもしれません。これは「語尾上げ」として批判されることがあります。でもこの太字の部分の音程の変化を矢印で示すと、次のようになります。

「ぼく**は**〜、英語**の**〜、勉強**が**〜…」

　そう、明らかに下降調です。でも、なぜか「語尾上げ」と呼ばれたんです。下降するためにいったん声を高く上げていたためでしょう。

　イントネーションでむずかしいのは、ここです。下降するためには、いったん声を上げます。その出だしに注目して、下降調を上昇調と勘違いする人が多いのです。でも、大事なのは、出だしではなく、トーン全体の音程の変化、つまり下がる部分です。

　そしてまさしくこの部分に、下降調の発音のコツがあります。つまり、「上がる」というイメージが残るほど、まず声を高くしないといけないのです。声を高く上げれば上げるほど、そのあと下げるのが楽になります。それによって、英語らしい、急激な下降調が出せるのです。

　では、下降調の練習をしてみましょう。何度も発音して、下降調の感覚を身につけてください。なお、3音節以上の例では、2つ目は2音節目、3つ目は3音節目に強勢があるものを挙げてあります。

1音節　Hi!　　No!　　Yes!　　Car!　　Hey!　　More!
　　　　（Hey は「おい！」の意）

2音節　Lovely!　　Thank you!　　Today!

3音節　Hideous!　Tomorrow!　　Inverness!

4音節　Edinburgh!　Tremendously!　Intonation!

　ちなみに、下降調は、a）なめらかに下降させるタイプと、b）階段状に下降させるタイプがあります。b タイプは、強勢音節で高く平らに発音し、そのうしろの音節を低く発音することで、下降を生み出します。

a) Lovely!　　　b) Lovely!

　階段状に下がる b タイプは、下降調でも上昇調でも、イギリスではかなり

聞かれます。「ダウンロードファイル 1」の音声でも時々このタイプのトーンが使われています。本書では、できるだけ正確に発音を再現できるように、階段状のトーンの多くはそのまま表記しています。

◆ 上昇調

　下降調の次に大事なトーンが、上昇調です。驚いたときに発する「ええー !?」の感じです。最初の「え」は低く、次の「えー」は高いのです。もし、上昇調がうまく言えないときは、常に「**ええー !?**」を思い出してください。

え えー !?

　なお、「ええー !?」は、階段状に上がっていますね。日本語は階段状の音程の変化の仕方をするので、実は日本人は階段状のイントネーションのほうが発音しやすいかもしれません。
　では、上昇調の練習をしてみましょう。

TRACK 23

1 音節	No?	Yes?	Car?	Hay?	More?
2 音節	Lovely?	Thank you?	Today?		
3 音節	Hideous?	Tomorrow?	Inverness?		
4 音節	Edinburgh?	Tremendously?	Intonation?		

　上昇調は、強勢音節から上昇が始まります。そのため、上のように表記してあります。ただし、強勢音節は上昇が始まる部分です。ということは、尾部があれば、そこでもまだ上昇が続くということです。そのため、尾部の最後の音節が一番高い、ということになります。Tomorrow? なら [rəʊ]、Edinburgh なら [rə]、Tremendously? なら [li] が一番高くなります。
　日本人の耳は高さには敏感です。「橋」と「端」と「箸」を区別するくらいですから（こうした音の区別は、実は外国人にはかなりむずかしいのです）。それだけに、一番高いところが一番耳に残り、そこが強いと感じてしまいます。

第2章

そのため、日本人式の上昇調は、最後だけが高い階段状になります。

Tomorrow?　　Edinburgh?　　Tremendously?

　これでも、英語として通じます。でも、BE らしい発音を目指す人なら、強勢音節からなめらかに上がる上昇調をマスターすることをおすすめします。
　上昇調の意味は、下降調とは逆に **「保留」**、**「未完」** です。一般的には、上昇調＝「疑問（yes-no 疑問）」と思われていますが、これは適切ではありません。BE では特にそうです（それについては、第 4 章で詳しく説明します）。上昇調は、断定を「保留」しているのです。その結果、聞き手が答えることになるのです。たとえば Tomorrow? は「明日」と断定できないことを意味します。だから、結果として、「明日かな？」と相手に尋ねている形になるのです。

◆ 降昇調

　次は降昇調です。まず下降して、上昇するトーンです。AE でも使われますが、BE での使用頻度のほうがはるかに高いようです。
　ところで、降昇調は最後が上昇するため、そして使い方も上昇調と似ているため、しばしば上昇調と混同されます。しかし、上昇調は出だしが低いのです。一方、降昇調は、出だしが高いので、出だしだけなら、むしろ下降調に似ています。
　いずれにしても、他のトーンと混同しやすいので、何度も練習してみてください。また、その際に、首や手も一緒に ↘↗ のように動かすと、より早く正確に身につけられます。ちなみに、音程の動きが大きいので、他のトーンより長めに発音されます。

TRACK 24

1音節	No…	Yes…	Car…	Hay…	More…
2音節	Lovely…		Thank you…		Today…
3音節	Hideous…		Tomorrow…		Inverness…
4音節	Edinburgh…		Tremendously…		Intonation…

さて、降昇調は、どこで下がって、どこで上がるでしょうか。下がるのは、その単語の強勢音節です。上がるのは、最終音節です。

No などの 1 音節語では、1 音節の中で下降と上昇が起こります。hideous や Edinburgh のように第 1 音節に強勢がある場合、そこで下がって、低く進んで、最終音節で上がります。でも、Inverness のように 3 音節であっても、最終音節に強勢があれば、下降と上昇は、-ness で起こります。

ところで、降昇調の意味は、「**下降調と上昇調が表現するものを足したもの**」といえるでしょう。

まず断定するのです。そのあとに上昇調を付けることで、その断定を完成させない、つまり、断定を弱めるのです。その結果、前ページの例でわかるように、「…」が付く感じになるのです。どこか煮えきらない、まだ言いたいことを言いきっていない、言外に意味するものがある、といったことをほのめかします。

なお、降昇調は、上昇調と同様、次に言葉が続く場合によく使われます。ただ、降昇調のほうが下降調を含んでいる分、大事な情報であることが聞き手にはっきり伝わります。

また、降昇調は 2 単語以上にまたがってあらわれることがあります。これは「分離降昇調」と呼びます（詳しくは第 5 章で扱います）。

◆ 平坦調

平坦調は、基本的には上昇調と同じ意味を持ちます。「**保留**」「**未完**」が主だった意味です。

文の終わりでなく、途中で使われるのが典型的な使い方です。下の文の train のトーンがそれです。

This is a Piccadilly line train | to Heathrow Central.
（この電車は、ピカデリー線ヒースローセントラル行きです。）

TRACK
25

ただ、平坦調は、上昇調よりもずっと煮えきらない感じが表われます。

上昇調は、音程が上がるという方向性がはっきり出ています。その分、意味もはっきりします。たとえば、相手の答えを待つという姿勢まで表明するのです。だから、尋ねるときに使われるのです。

第2章

一方、平坦調は、上がるという方向性はなく、中途半端です。そのため、答えを待つというニュアンスはなく、疑問文には使われません。むしろ言いかけて止める（言外に何かある）とか、独り言といった感じが出ます。

　また言外の意味をほのめかすという点では、降昇調の使い方に似ています。ただ、降昇調は、音程差が大きい分、感情の動きの大きさを感じさせます。一方、平坦調は、その平らな音程から、感情の起伏のなさを感じさせます。そのため、平坦調が使われると、事務的な感じ、機械的な感じ、興味のなさなどが表現されることになります。

1音節	No…	Yes…	Car…	Hay…	More…

2音節	Lovely…	Thank you…	Today…

3音節	Hideous…	Tomorrow…	Inverness…

4音節	Edinburgh…	Tremendously…	Intonation…

◆平坦調で下降調、上昇調を表わす例

　ちなみに、BE では、平らに発音する感覚はかなり大事です。というのも、すでに見たように、下降調や上昇調を平らな音程の組み合わせで発音する人がいるためです。下の文はその例です。ちょっと速いので、ややとらえにくいかもしれません。でも、どの音節もほぼ平らに発音されています。

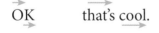

OK　　　that's cool.

　なお、この用法の平坦調は、高低（または低高）で 1 組。それで下降調（または上昇調）をあらわします。

3 句末原則

◆句末原則

　では、トーンは、どこにあらわれるのでしょうか。実はトーンがあらわれる位置は、英語らしいイントネーションを再現するうえで、もっとも重要です。

　一般的に、トーンは、音調句の中の一番重要な単語（[の強勢音節]＝核）にあらわれると説明されます。そのとおりです。

　ただ、問題があります。どの単語が一番大事なのか、特定できないことがよくあるのです。たとえば、以下の例文を見てください。以下の5つの文は、非常に長い⑤も含め、どれも1音調句で発音されています。つまり、トーンが1つだけ付くのです。ちなみに、トーンはすべて下降調です。

　では、これらの文の核はどこにあるのでしょうか。つまり、どの単語にトーンが付くのでしょうか。

① You've twisted my arm.
② I just got up.
③ I can't put it down.
④ But I'm not sure about it.
⑤ I just wanted to talk to you about something to do with the wedding.

---

①ありがたくお受け［ちょうだい］いたします。＊ twist ～'s arm は「人に強制する」という意味だが twist my arm で、おどけて「ありがたくお受け［ちょうだい］いたします」と言う場合にも使われる。　②今起きたところだ。　③それ［本］を置くことができない。　④それ［新しい髪型］に自信が持てない。　⑤結婚式について、あなたと話がしたかったの。

　どれも、やさしい単語からなる簡単な文です。ところが、核となる一番大事な単語を探せと言われても、困ってしまいます。どれも大事なようでもあり、どれも大事でないようでもあるからです。

　「ちょっと待ってくれ、上の例では文脈がないじゃないか。文脈があったら、

すぐ核を見つけられるんじゃないのか」と思う人もいるかもしれません。いやいや、すべての文を発音する際、どの語が大事か1語ずつ分析することが本当に可能でしょうか。特に②〜④のような、単純な単語からなる文は、文脈があっても最重要語の特定は容易ではないはずです。

　というわけで、最重要語にトーンを付けるという説明では、やはり不十分なのです。そこで、効果抜群なのが「**句末原則**」です。この用語は著者小川直樹の造語です。専門的な言い方もあるのですが、わかりにくいので、ここではこう呼びます。

　実は、核の位置は8割方、いや8割以上の確率で、決まっているんです。だから、それを機械的に当てはめるだけで、びっくりするほど英語らしい発音になります。しかも、これは英米共通の性質です。

　では、そんな魔法の原則、句末原則とはどんなものでしょうか。それは、音調句末の最後の内容語*を核にする、というものです。最後の内容語（の強勢音節）にトーンを付ければいいのです。

　音調句の中で、以下のような単語が最後にきたら、そこにトーンを付ければいいんです。たったこれだけで、英語の8割以上のイントネーションが自然にできるんです。これは、ひと息で発音する句・文であれば、ほとんどすべてに当てはまります。

＊内容語というのは、名詞・動詞・形容詞・副詞、さらに数詞などです。つまり、情報を伝える上で、骨組みとなるような大事な単語です。

句末原則があてはまるさまざまな句の例

　　[形容詞＋**名詞**] の名詞句：beautiful flowers

　　[動詞＋**副詞**] のような動詞句：play well

　　[前置詞＋冠詞＋**名詞**] などの前置詞句：on the train

　　[副詞＋**形容詞**] のような形容詞句：very nice

　　[副詞＋**副詞**] の副詞句：quite hard

　　※唯一の例外 [**名詞**＋名詞] の複合名詞：police car

　このように句末原則はありとあらゆる句に当てはまります。だから、魔法の原則なんです。

　でも、残念ながら、日本のほとんどの英語学習者はこれを知りません。だから、その人たちの英語は英語らしく響かないんです。

実は、普通の日本人の英語は、句末原則とは逆の、尻すぼみのイントネーションです。出だしは高くはっきり発音します。でも、単語末、句末、文末に向けて、どんどん声が低く、弱く、小さくなっていきます。お葬式のあいさつがいい例です。「本日はごしゅうしょ…」ぐらいしか聞こえないですよね。だから、英語を話していても、そのくせが出てしまうのです。

日本人の英語を英語らしく聞こえるようにするには、句末原則が大事なのです。最後にエネルギーを振り絞って発音することを常に意識してください。

◆ 句末原則を検証する

では、先ほどの 5 つの例文で句末原則を検証してみましょう。まず、核に矢印を付けてみます。

① You've twisted my arm.

② I just got up.

③ I can't put it down.

④ But I'm not sure about it.

⑤ I just wanted to talk to you about something to do with the wedding.

①では、内容語は明らかです。最後の arm が核です。

②と③では、up や down が核です。これは前置詞ではなく、副詞です。どちらも動詞の意味をはっきりさせているのです。そのため、文中では大事な役割を持っていて、そこが核となるのです。

④では sure が核です。about it はいずれも機能語です。そのため核になりません。そこで、繰り上がって、sure にたどり着きます。

⑤は、もうおなじみの例文ですね。とても長いですが、この長い文全体で 1 音調句です。最後の wedding は名詞で、これが核です。

ところで、Part II 以降では、各音調句を詳しく説明する形で本は進んでい

きます。そこでは、①や⑤のような、最後の単語が核になるわかりやすいものについては、「素直な句末原則」とか「句末原則にしたがっている」というような表現をしています。④も、句末原則にしたがっているのですが、核の位置は繰り上がっています。このような、音調句末の単語以外が核になっている場合は、基本的には個別の解説を付けました。

◆◆ 句末原則の実例　1 音調句

　矢印が核の位置です。すべて下降調です。BE にかぎらず、AE も含めて英文のほとんどは句末原則によって発音されています。これができるだけで、あなたの英語が変わりますよ。

「ダウンロードファイル 1」の音声にしたがって、発音してみましょう。

TRACK
29

① Don't forget your brolly.

② This program isn't half funny!

③ The hotel was really rather nice.

④ You needn't bother to wash your cups.

⑤ Why don't you put your suitcase in the boot?

⑥ My GP gave me a prescription for some medicine.

⑦ Stop having a go at me!

> ①傘を忘れないでね。　②この番組は半端なく面白い。　③そのホテルはとってもすてきだった。　④カップは洗わなくていいよ。　⑤スーツケースはトランクに入れたらどう？　⑥かかりつけ医に薬を処方してもらった。　⑦僕に文句を言うなよ！

①から⑥は、下に行くほど文が長くなっています。でも、すべて 1 音調句

です。

①は、否定の命令文です。否定語も大事ですが、核となるのは、通常は句末の単語です。なお、brolly は「傘」を表わす BE の口語です。

②も否定文です。もちろん否定語も大事で、強く発音されます。でも、下降調が付くのは句末です。not half は、通常は「それほど…ではない」という意味で使われますが、BE の口語表現としては「半端なく」という意味になります。

③の rather は BE でよく使われる、「程度」を表わす副詞です。rather は通常「やや」という意味ですが、好ましい意味の形容詞が続くと、「とても」という意味になります。それを really で強めています。really も rather も高く強く発音されていますが、下降しているのは nice です。

④高く始まって、だんだん下がっています。そして、最後の cups でグッと下がります。このように高く始まって、全体で下降するのが BE のイントネーションの特徴の一つです。

⑤は、wh 疑問文です。とはいえ、実際の機能は疑問文というより、相手への提案です。句末の boot で一気に下がります。なお、boot とは自動車のトランクを表わす BE です（AE：trunk）。

⑥かなり長いですが、ひと息で、つまり 1 音調句で、発音されています。句末の medicine の下降に加え、BE らしいテキパキ感をしっかり表現しましょう。なお、GP は高く強く発音されています。主語は新しい話題を導入する役割があります。だから際立たせる必要があるのです。GP とは general practitioner の略で、BE で「かかりつけ医」の意味で使われます。病気になったらとりあえず行くお医者さんです。なお、practitioner は、「開業医」です。

⑦は、最後から 3 番目の go が核です。at me はどちらも機能語なので、核になりません。そのため、繰り上がって go が核になります。これも句末原則の例なのです。go at me は、góatme のように、「最初に強勢のある 1 語」と思って発音するとうまくいきます。

◆ 句末原則の実例　複数の音調句

次ページの例文は、いずれも 2 音調句です。少なくとも 2 つの核、2 つの情報を相手にハッキリ伝えています。

そして、すべて句末原則にしたがっています。下降調です。とりあえず句末

原則にしたがって、最後で下降させれば、英語らしくなるということです。

　ところで、音調句は意味の句切れ目で切ります。ただ、句切れ目を入れるかどうかは、読みの速さや、文中のどこを伝えたいか、などで変わります。たとえば、前セクション（p.26）の⑥は、かなり長い文でした。でも、1 音調句で、核も 1 つです。耳に残るのは、出だしで高く発音している主語の GP と核の medicine だけです。なお、注意を引く箇所を増やしたいときは、音調句を増やせばいいのです。

　「ダウンロードファイル 1」の音声にしたがって、発音してみましょう。

TRACK 30

① Buy two ｜ get one free.

② It's a quarter to one ｜ on the dot.

③ You're listening ｜ to Radio Twelve.

④ I bought these trousers ｜ on special offer.

⑤ I've been living in Hampshire ｜ for over a decade.

⑥ I was gutted ｜ when Sheila left me for another man.

---

①2 個買えばもう 1 個無料で差し上げます。　②時刻は 12 時 45 分ちょうどです。③お聴きいただいているのは、ラジオ 12 です。　④私はこのズボンを安値で買った。⑤ハンプシャーに 10 年以上住んでいる。　⑥シーラが私を捨てて別の男に乗りかえたときは、落ち込んだ。

---

　①は、スーパーなどでよく見かける宣伝文句です。two のあとで大きく意味が句切れるので、2 音調句で読みます。大事な情報である two を下降調で読みます。ただ、もっとも訴えたいのは free ですので、そこは大きく下降させます。

　②はラジオでの時報です。大事な時刻を際立たせるために、one で 1 回区

切っています。one には下降調も使えますが、音源では平坦調が使われています。on the dot（きっかり）が続くことを示すためです。

③は、1 音調句で発音しても問題ない文ですが、2 音調句に分けています。それによって Radio 12 という放送局名にたどり着くまで間が生まれ、局名が耳に残りやすくなります（物や人の名前は通常、句末原則にしたがいます）。

ちなみに、You're は高く始まっています。このセリフは天気予報などのあとに付くものです。声を高くすることで、話題が変わったことを示しています。

④は音声上、句切りは入っていません。ただ、trousers でいったん下降しているため、これを 1 音調句と見なします（音声上の句切りがなくても、トーンがあらわれている場合、1 音調句と見なします）。ただ、音声上の句切りがないので、下降はあまり十分でないかもしれません。一方、文末の offer は、はっきり下降しています。なお、I の発音は [a] だけになっています。

⑤は、核である Hampshire と decade が耳に残ります。ただ、Hampshire の直後には、はっきりした音声上の切れ目はありません。ちなみに、decade は英米とも de- に強勢を置く発音が主流です。

⑥は gutted のあとには音声上の切れ目はありませんが、下降調が付いているので、際立ちます。2 つ目の核である man は、句切れがあとにあるだけに、gutted 以上に強く長く発音されています。最後で尻すぼみにならないよう発音してみてください。

◆ 句末原則の実例　複数の音調句 2

ここでは、2 音調句以上の長めのもの、ならびに音調句の数が多いものを例に挙げて、練習します。

「ダウンロードファイル 1」の音声にしたがって、発音してみましょう。

① Welcome to the fantastic world of Windsor Towers, |
　Britain's best loved theme park.

② The pavilion theatre Brighton | presents | Oliver Twist |
　on ice.

③ Pizzahouse | dot co dot uk. | Order online | or download the app.

④ The next stop is Victoria Park. | Alight here | for the park | and Victoria House.

---

①ウィンザータワーのすてきな世界へようこそ。ここはイギリスでもっとも愛されているテーマパークです。　②ブライトン・パビリオンシアターでは、アイススケートショー、オリバー・ツイストを上演しています。　③「ピザハウス.co.uk」、ご注文はオンラインで、アプリをダウンロードしてください。　④次はヴィクトリア・パークです。公園とヴィクトリア・ハウスへは、こちらでお降りください。

---

　①は2音調句ですが、長めです。最初の音調句は素直に句末原則にしたがっています。地名や人名はうしろが強くなりますので、Windsor Towers では、Towers が強くなります。これが Welcome to the fantastic world of に組み込まれます。すると、Towers がこの音調句全体でも核になります。固有名詞 Windsor Towers を際立たせるために、Windsor も高く発音されています。2番目の音調句では、theme が核です。theme park は複合名詞なので、前側の単語が強くなります。

　②は、ラジオなどの CM での言い方です。①よりも4単語も短い文です。でも4音調句もあります。いずれも素直な句末原則の例です。このように、小分けに読むと、核が多くなって注意を引く単語が増えます。すると、聞く側としては、より多くの単語が耳に残ることになります。

　③は、ラジオなどで聞かれる URL 情報を含む CM です。②と同様、小分けにして、わかりやすく伝えています。どれも句末原則どおりです。出だしが固有名詞なので、注意を引きやすくするため、Pizza- の部分はかなり高く強く発音されています。

　④は、電車の中のアナウンスです。4つの音調句からなり、どれも句末原則にしたがっています。地名はうしろ側が強くなるので、Victoria Park ではPark が強いのです。2番目の音調句は、here で上昇調です。here は代名詞相当語（次のセクション参照）ですが、電車内でのアナウンスでは非常に重要な情報ですので、核になります。そして次にさらに情報が続くことを示すため、

上昇調が使われています。最後の音調句の Victoria House も地名です。そこで House が強く発音されています。さらに、この地名は Victoria Park との対比も含んでいますので、House をしっかり際立たせています。ちなみに、next stop は [nékstòp] と発音されています。本来の発音は、[nèkststóp] ですが、速く読まれる場合は、重なる音が省略され、[nèkstóp] となります。また、next stop は [形容詞＋名詞] で、本来はうしろ側が強いのです。でも、車内のアナウンスでは、stop より next のほうが重要な情報です。そのため [nékstòp] という発音になります。

◆ 核にならない副詞が付く場合

　基本的に副詞は内容語です。だから句末原則が当てはまります。ところが、中には句末原則があてはまらないものもあります。代表的なものは、時と場所を表わす代名詞的な表現です。これらを「**代名詞相当語**」と呼ぶことにしましょう。then, here, there などがそれにあたります。

　代名詞相当語はほかにもあります。today がそうです。today というのは、発言した日が 5 月 12 日なら、その時点の today は 5 月 12 日を指しています。でも、8 月 1 日時点の today は、8 月 1 日を指すのです。today が指す日は換わるのです。he が、あるときは Tom、あるときは John を指すのと同様です。だから、today は代名詞相当語なのです。

　today が代名詞相当語なら、tomorrow も yesterday もそうです。now, this morning, next month, last year などもすべてそうです。時と場所を示す、いわば本名ではない表現はみな、代名詞相当語なのです。こうした語は代名詞、すなわち機能語に近いので、通常、核にはなりません。

「ダウンロードファイル 1」の音声にしたがって、発音してみましょう。

TRACK
32

① All change please.

② My keys have gone missing again!

③ Apparently, ｜ it's going to snow this evening.

第3章

④ We are planning a mini-break in Derbyshire next month.

⑤ I'm not being funny or anything, │ but I really don't have a lot of time today.

---

①みなさまお乗り換えください。　②鍵がまたなくなってしまった。　③どうやら今晩は雪になりそうだ。　④私たちは来月、ダービーシャーへの小旅行を計画している。　⑤恐れ入りますが、本日は時間がございません。

---

①は、もっとも大事な change が核になります。please は副詞で内容語ですが、ていねいさを添えるだけで、情報量はありません。そのため、核にはならないのです。

②では、missing が核で下降調です。again は代名詞相当語でもなければ、please のようなていねいさを示す表現でもありません。でも核にならないことが比較的多いのです。ちなみに、again の発音は、英米ともに [əgéin] よりも [əgɛ́n] のほうがずっと多いようです。

③の apparently のような文修飾の副詞は、降昇調で読まれます。うしろの音調句では、snow が核で、下降調です。this evening は代名詞相当語ですので、核になりません。

④はかなり長いですが、一気に発音しています。next month は代名詞相当語ですので、核は Derbyshire です。なお Derby- の強勢母音は BE では [ɑ:] です。口を大きく開けてはっきり発音する「アー」です。AE では [ɚ:]([ər]) です。

⑤の最初の音調句は、句末原則どおりです。一方、2 番目の音調句では、核は代名詞相当語の today ではなく、time です。ちなみに⑤は、やや崩れた大衆的な発音で読まれているため、語末の [t] が聞こえなくなっています。but と lot の [t] が聞こえなくなっているのです。「バッ」、「ロッ」のようになります。特に lot of では、下線の [t] が落ちて、それがさらに、ほぼ [v] だけとなった of と結びついています。「ロヴ」の感じです。

◆◇句末原則で会話に挑戦

では、まずは「ダウンロードファイル 1」の音声をよく聞きながら、実際に

会話の音読に挑戦してみてください。句末原則を意識することを忘れずに。

　なお、解説を読みながら練習できるように、音声をセンテンスやフレーズごとに聴ける「ダウンロードファイル2」の音声を用意しました。こちらの音声ファイルも研究社のサイトから無料ダウンロードできます（ダウンロードの仕方は、vii ページをご覧ください）。

 After work Emma invites Leon to the pub.

Emma: We're just going down the pub for a drink. Do you want to come?

Leon: Sounds great, but I've got to finish this work first. Where are you going?

Emma: The Queen's head.

Leon: OK. I'll try to come along when I finish. See you later.

仕事のあと、エマはレオンをパブに誘う
エマ　私たち、ちょうどパブに飲みに行くところなの。あなたも来る？
レオン　いいね。でも先にこの仕事を終わらせなきゃならないんだ。どこに行くの。
エマ　クイーンズヘッドだよ。
レオン　わかった。仕事が終わったら、行ってみるよ。またあとで。

イントネーション

After work ｜ Emma invites Leon ｜ to the pub.

Emma: ①We're just going down the pub ②for a drink. ③Do you want to come?

Leon: ④Sounds great, ⑤but I've got to finish this work first. ⑥Where are you going?

第3章

Emma: ⑦ _The_ Queen's Head.

Leon: ⑧ OK. ⑨ _I'll_ try _to_ come along _when I_ finish. ⑩ See _you_ later.

解　説

After work ｜ Emma invites Leon ｜ _to the_ pub.

　タイトルでは、3回下降調があらわれています。1つ目は work です。2番目はそれほどはっきりしませんが Leon で、3番目は pub です。Leon のあとに音声上の切れ目はありません。

　聞き手には、このタイトルの文のほぼすべてが新情報です。そのため、小さく句切り、音調句を多くして、さらに各音調句に下降調を使っています。こうすれば、消化不良を起こさず聞けるのです。

　ちなみに、Emma と invites の間に [r] が割り込んでいます。BE では、母音で終わる単語に、母音で始まる単語が続くとこのような割り込みの [r] があらわれます。なお Leon の発音は [líːən] です。

① **Emma:** _We're_ just going down _the_ pub

　pub のあとには、音声上の切れ目はありませんが、そこで下降調があらわれているので、音調句として句切りを入れます。

② _for a_ drink.

　句末原則どおりです。下降調です。

③ *Do you* want *to* **come?**

DOWNLOAD2 01 03

　yes-no 疑問文ですが、下降調です。核の位置は句末原則どおりです。下降調の付いた come の強さ、長さをよく確認してください。核になる単語はかなり長くなる、ということがよくわかる例です。Do you は [dju] です。また want to が [wʊ́nə] になっています。BE でもくだけた表現としてよく使われます。

④ **Leon:** Sounds **great,**

DOWNLOAD2 01 04

　句末原則どおりです。

⑤ *but I've* got *to* finish this **work** first.

DOWNLOAD2 01 05

　work が核です。下降調です。句末の first でなく、work が核になっているのは、work のほうが大事な情報だからです。first は尾部として、低く読みます。wórkfirst という 1 つの単語だと思って発音すると、自然な発音になります。

⑥ Where *are you* **going?**

DOWNLOAD2 01 05

　句末原則どおりです。下降調です。

⑦ **Emma:** *The* Queen's **Head.**

DOWNLOAD2 01 06

　head が核です。下降調です。これは、[所有格（＝形容詞）＋名詞] という名詞句です。一種の名詞句ですから、句末原則が当てはまります。また、別の考え方もあります。店の名前は地名の一種です。地名はうしろ側が強いのです。ちなみに、the Queen's Head というのはイギリスの典型的なパブの名前です。

⑧ **Leon:** OK.

DOWNLOAD2 01 07

第3章

OK の O が核で、階段状に下がる下降調です。O を高く平らに発音し、K で低く平らに発音しています。高いほうがより際立ちますので、核となる音節は O というわけです。

⑨ I'll try to come along when I finish.

　文法的には2つの節からなります。でも、音声上は一気に発音されているので、1音調句です。句末原則どおり finish が核です。I'll は [al] と発音されています。

⑩ See you later.

　句末原則どおりです。see は高めで強いので、耳に残ります。でも、later で音程の変化が起きていて、長さもあるので、later を核とみなします。

◆ 句末原則で長文を読む

　今度は、長文に挑戦しましょう。ここで扱うのは、広告の文章です。イギリスのテレビやラジオでは、実際にこのような、商業目的ではないCMがけっこう流れています。

　この文章は、ほとんど句末原則にしたがって下降調で読まれています。イントネーションの点からは極めて簡単な文章なのです。それでも、格好いい朗読に仕上がっています。句末原則と下降調がいかに大切かよくわかる例です。

A charity appeal

　At Northwood Dog's Home we care for over 5,000 dogs and cats a year, reuniting lost animals with their families and doing our utmost to rehome unwanted animals. There is no time limit and we care for every dog and cat until the right home is found. Many of the animals have been abandoned and left to fend for themselves and need lots of love and rehabilitation before they are able to trust and socialize again. This level of care doesn't come cheap and as we don't receive any government funding, we rely totally on people's generosity to keep doing our good work. We're so grateful for any donations (whether financial or food to keep us going.) Will you help us? Text ND eighty-eight with your donation on six triple o seven double o.

寄付のお願い
　ノースウッド・ドッグ・ホームでは、年間5000頭以上の犬・猫を世話しています。迷子の動物を飼い主のもとに戻すほか、捨てられた動物たちの里親探しにもっとも力を注いでいます。期限はございません。当ホームは、どの犬・猫も、そのふさわしい家が見つかるまで保護いたします。多くの動物たちは、捨てられ、自力で生きてきました。よって、動物たちが信頼を取り戻し、社会と共存できるまで、たくさんの愛情を受けて、十分な訓練を積む必要があります。こうした水準のケアを実現するには、予算がかかります。そして当ホームは政府の援助を受けていません。ひとえに人びとの寛

大な援助により、活動を続けることができます。どのような寄付も歓迎いたします（金銭的な援助も、食物も、当ホームの活動の助けになります）。我々の活動にご協力いただけませんでしょうか？　携帯から ND88 にご寄付いただけます。番号は 6000700 です。

イントネーション

A charity appeal

TRACK
34

①At Northwood Dog's Home │ ②we care for over 5,000 dogs and cats a year, │ ③reuniting lost animals with their families │ ④and doing our utmost to rehome │ ⑤unwanted animals.

⑥ There is no time limit │ ⑦and we care for every dog and cat (│) until the right home is found.

⑧Many of the animals │ ⑨have been abandoned (│) and left to fend for themselves │ ⑩and need lots of love and rehabilitation (│) ⑪before they are able to trust │ ⑫and socialize again.

⑬This level of care │ ⑭doesn't come cheap │ ⑮and as we don't receive │ ⑯any government funding, │ ⑰we rely totally on people's generosity │ ⑱to keep doing our good work.

⑲We're so grateful for │ ⑳any donations │ ㉑(whether financial or food │ ㉒to keep us going.)

㉓Will _you_ help _us_?

㉔Text │ ㉕ND eighty-eight _with_ your donation │
㉖on six triple o │ ㉗seven double o.

解 説

_A_ charity appeal　　　　　　　　　**DOWNLOAD2 01 10**

① _At_ Northwood Dog's Home　　　**DOWNLOAD2 01 11**

　ここでは Dog's が核になっています。また、Northwood Dog's Home
は１つの地名で、地名はうしろ側の要素が強くなります。この地名は、
Northwood ＋ Dog's Home と考えられ、Dog's Home が強く発音されます。
そして Dog's Home は１つの複合名詞と考えられます。複合名詞は前側の要
素が強いため、Dog's が強くなります。

② _we_ care _for_ over 5,000 dogs _and_ cats _a_ year,

③reuniting lost animals _with their_ families　　　**DOWNLOAD2 01 12**

④ _and_ doing _our_ utmost _to_ rehome

⑤unwanted animals.

　②～⑤については、すべて句末原則があてはまります。
　④と⑤は、rehome で下降調が起きているので、いったん句切りました。ただ、
④と⑤の間には、ポーズはほとんどありません。なお、animal の発音は [ániml]
です。出だしの母音は強く響く [æ] ではなく、穏やかな [a] です。また、-ni-
が [nɪ] となっています。最近は [nə] とする人も多いのですが、ダウンロード
のナレーションではプロらしい保守的な音形を使っています。

⑥ There is no **time** limit DOWNLOAD2 01 13

　⑥では、There と is が [r] でつながっています。no もかなり強く発音されていますが、time が核です。time limit は複合名詞なので前側の単語 (time) が強くなります。limit はかなり弱く、短く、あいまいに発音されています。

⑦ and we care for every dog and **cat** (｜) until the right home is **found**.

　until 以下最後まで一気に発音していますが、実際には cat のあとにポーズを入れてかまいません。found にはっきりした下降調が付いています。

⑧ Many of the **animals** DOWNLOAD2 01 14

⑨ have been **abandoned** (｜) and left to fend for **themselves**

　⑧⑨は音声上はつながっています。ただ、⑧の animals にはっきりした下降調が付くこと、一方、⑨の abandoned は次の and と完全にくっついていることなどから、一応⑧で句切ります。themselves は再帰代名詞、つまり機能語なので、通常は強くなりません。でもここでは「自活する」という意味をはっきりさせるために、核となっています。

⑩ and need lots of love and **rehabilitation** (｜) DOWNLOAD2 01 15

　lots of love and rehabilitation がかなりリズミカルに発音されています。このリズムを生み出すためには、re- を強く、長く、はっきりと [ri:] と発音する必要があります。

⑪ before they are able to **trust**

⑫ and socialize **again**.

⑬ This level of **care** DOWNLOAD2 01 16

⑭ doesn't come **cheap**

⑪〜⑭は、わかりやすい句末原則です。短い音調句で下降調がリズミカルに並んでいます。特に⑪と⑫では、trust, again に歯切れよい下降調が付いています。なお、⑬の care はほぼ「ケー」[kέ:] です。

⑮ and as we don't **receive** →   DOWNLOAD2 01 17

⑯ any government **funding,**

⑮は独立した音調句としましたが、⑯とつながっていると言ってよいくらい微妙な句切りです。receive に使われているトーンは、平坦調です。government と funding はともに名詞です。でも核はうしろの funding です。government は形容詞的に使われていると考えられます。

⑰ we rely totally on people's **generosity**   DOWNLOAD2 01 18

⑱ to keep doing our good **work.**

⑰も⑱も素直な句末原則です。下降調もはっきりしています。work の母音はほぼ「アー」です。スペリングにつられて、work を「ウォーク」と発音しないようにしましょう。

⑲ We're so **grateful** for   DOWNLOAD2 01 19

最後の for は機能語なので、核は1つ前の grateful に移っています。for が弱く、短い「ファ」となっていることに注意してください。

⑳ any **donations**

any も強く読まれていて、2拍のリズムです。

㉑ (whether financial or **food**   DOWNLOAD2 01 20

第3章

A or B の形も句末原則が当てはまります。food に、はっきりした、長い下降調がかぶさっています。

㉒ *to* keep *us* **going.**)

リズミカルな２拍です。

㉓ Will *you* **help** *us*?　　　

help に上昇調がかぶさっています。us でも上昇が続き、高く発音されてはいますが、機能語なので弱く、短く、あいまいです。BE では疑問文＝上昇調とは限りませんが、ここでは、かなり素直に上昇調が使われています。

㉔ Text　　　

㉕ ND eighty-eight *with your* **donation**

㉖ on six triple **o**

㉗ seven **double** o.

㉖㉗は電話番号ですので、わかりやすくするために、小分けに発音しています。㉖は、例外的なトーンです。triple で高く平ら、o でやや低く平らに発音されています。全体としては、低いながらも o が耳に残るので、o が核だと判断できます。

㉗でも o が句末ですが、二度目なので、o の情報価値は落ちています。一方、double は、前の triple との対比を示しています。その対比が大事なので、double が核です。

27 個ある音調句のほとんどで、最後の単語が核となっています。しかも、ほとんどが下降調です。最後の単語にトーンが付いていないものは、①⑥⑲㉓㉗の５つだけです。これらもすべて句末原則のルールにしたがっています。内容語なのに核ではないのは①⑥㉗。①の Home と⑥の limit は複合名詞の一

部、㉗の o は既出情報なので、核ではないのです。なお、⑲㉓の最後の単語
は機能語なので、核ではありません。
　句末原則と下降調の大切さがおわかりいただけたでしょうか。

4 下降する yes-no 疑問文

◆ 疑問文が上昇しない

BE に慣れるために、理解してほしいことがあります。それは、日本人が学校で身につけたある常識が通用しない、ということです。

日本人は「疑問文（yes-no 疑問文）は上昇調が使われる」ことが常識だと思っています。wh 疑問文すら上昇すると思っている人もいます。実際、AE では、yes-no 疑問文は上昇調を使うのが普通です。

ところが、BE では必ずしもそうではないのです。かなりの確率で、yes-no 疑問文が上昇しません。代わりに下降調が使われます。まずは、3 つほど取り出してみましょう。

① Do you want one?

② Have you tried down the back of the sofa?

③ Do you have any soya milk?

---

①1個いるかい。　②ソファの背もたれの下のほうは調べたの？　③豆乳はあるかしら。

本書では yes-no 疑問文がたくさん出てきますが、その多くが、この例のように下降調になっています。では、なぜ BE では yes-no 疑問文で下降調を使うのでしょうか。下降調の意味は、「断定」「新情報」「完結」です。つまり、上の疑問文では、すべて新情報を断定的に伝えているのです。①では、「ほしい（か）」という新情報を相手に伝えているのです。②では、鍵をなくしたという文脈です。それで「ソファ」を探したらどうかという提案なのです。③は、「豆乳」がまさに新情報です。

こういった文は、AE では上昇調が使われるでしょう。上昇調は「保留」「未完」という意味があります。yes-no 疑問文に上昇調が使われると、断定が保

留されます。つまり、判断を自分でせず、相手の答えを待つ、ということになります。

◆ 下降調の yes-no 疑問文は誤解しやすい

日本で教えられる英語は、ほとんど AE です。こういった下降調の付いた yes-no 疑問文を聞く機会はほとんどありません。そのため、下降調の yes-no 疑問文を聞いても、疑問文だと気付かないんです。日本人がイギリスに行くと、そんなことが頻繁に起こってしまいます。もしかしたら、アメリカ人も、イギリスに行ってまごついているのかもしれませんね。

私にもそんな経験があります。もう何年も前のことです。イギリスであるレストランに入りました。そのとき、ウェイトレスがデザート（いや pudding ですね）を載せたカート（trolley ですね）を押してきました。何種類か載っています。おいしそうなものがあったので、その名前を尋ねたのです。すると彼女は、下降調で "Wouldyoutrysome" と答えたのです。「なんだって！？ウヂュチュラ…、えらく長く、変わった名前だな」と、ブツブツ日本語で言っていたら、同席していた、すでに半年ほどイギリスに滞在していた言語学者のYくんが「小川さん、Would you try some? って言ってるんですよ」と助け舟を出してくれました。

こちらはその pudding の名前を聞き、相手は下降調で答えたのです。だから、私はそれが名前だと信じて疑わなかったのです。大笑いしました。でも、BE は疑問文とて下降調、ということを、身をもって痛感した瞬間でもありました。

◆ 上昇する yes-no 疑問文もある

もちろん BE でも、上昇調を使うことはあります。

Do you want a coffee?
（コーヒー飲む？）

Are you doing anything on Saturday night?
（土曜日の夜って何か入ってる？）

これらは AE でよく聞かれるタイプの上昇調と同じです。文の出だしが低く、そこから階段を上るようにゆっくり上昇していくものです。BE では、このタイプの上昇調はあまり多くありません。最後に上昇する yes-no 疑問文には、AE とは異なるイントネーションのものがあります。

Do you still want to go to the party tonight?
（やっぱり今夜のパーティに行くつもり？）

Can you talk right now?
（今話せる？）

　上の例文の BE らしい特徴は、いったん下降してから上昇することです。特に Do you still... の文では、par(ty) でかなり高くなります。そこから一気に下がって、最後に上昇します。実はこの文では、出だし Do you から the までは、わずかながらも下降しています。音程の上下動がかなり激しいことがわかります（なお、この 2 つの文は、Part Ⅱの会話編 6, 10 にもそれぞれ登場します。ただ、示したい項目が違うため、イントネーションの表記も異なります）。

◆◆下降調の yes-no 疑問文の練習

　以下に見るように、Would you... や Can I... など、出だしが疑問形になっていれば、最後を上げなくても疑問文だとわかります。そして、下降調を使うことで、疑問に思う事柄を相手に伝えるわけです。これが、yes-no 疑問文での下降調の役割です。

「ダウンロードファイル 1」の音声にしたがって、発音してみましょう。

① Would you like a drop of wine?

② Can I have your glasses, please!

③ Are you taking the mickey out of me?

④ Do you fancy going down the pub|for a drink|after dinner?

⑤ If you're going to the newsagents, |
　could you get me a packet of crisps and some sweets?

---

①ワインはいかがですか。　②グラスをお下げします。　③私をからかっているの？
④夕飯のあと、パブに飲みに行かない？　⑤ニューススタンドに行くなら、私の分のポ
テトチップス 1 袋とお菓子を買ってきてくれませんか。

---

　①は、そのテキパキ感で、初めて聞く日本人には、何を言われているのかわ
からず、ショックを受けるでしょう。しかも下降調ですから、冷たく感じられ
ます。叱られているのかと思ってしまうかもしれません。

　②の核は glasses です。形は疑問文ですが、働きは命令（依頼）文なので、
最後に「！」が使われています。英国のパブでよく使われる表現です。以前に
は、英国のパブは、夜 11 時に閉店することが法律で決まっていました。閉店
間際に店員がこう言って、店内を回るのです。ちなみに、please の発音が「プ
レイズ」に近くなっています。ロンドン訛りを再現したものです。

　③ mickey が核で、下降調です。out of me は機能語ですので、核になり
ません。なお、take the mickey out of…で「〜をからかう、バカにする」
という意味です。Mickey Mouse とは関係ない、かわいげのない表現です。
out of me の [t] と of はほとんど聞こえないくらい弱まって、「アウッミ」の
ようになっています。

　④音声上は、句切れ目はありません。ただ、3 回下降調があらわれているの
で、3 音句句とみなします。いずれも、句末原則に素直にしたがっています。
ここまで下降調だと、もはや yes-no 疑問文なのか、叙述文なのかわかりませ
ん。しかも、下降調でテキパキ話していますので、飲みに行くことを誘ってい
るのか、好意的に言っているのか、はたまた怒って言っているのか、わからな
くなってしまいます。イギリス人はなんだか冷たそう、と言われる原因は、こ
んなところにもあるのです。

　⑤は第 1 章でも扱った、聞き慣れない人には気が遠くなるような、BE らし
いテキパキ感あふれる yes-no 疑問文です。ただ句末原則どおりです。if 節の
核は newsagents です。控えめな下降調です。あまり下がっていないので、
降昇調にも聞こえます。

帰結節は sweets が核で、はっきり下降しています。帰結節は crisps and some の発音のため、非常に速く感じられます。crisps の語末は無声子音、それに [ən],[sm] が続くため、[kríspsənsm] となります。ここは日本人には手に負えないような響きです。あえて発音の仕方を説明すると、出だしの [krí] のあと、[spsənsm] の部分はできるだけ口を動かさないことがコツです。

◆◆下降調の yes-no 疑問文の会話練習

BE の yes-no 疑問文には、下降調や降昇調なども頻繁に使われます。BE のイントネーションはそれだけ多様なのです。実際の会話を見てみましょう。

Steve helps Cathy find her keys.

Cathy: Steve, have you seen my keys anywhere? They've gone missing again.

Steve: Have you tried down the back of the sofa? That's where I normally find things.

Cathy: Hang on, I'll look.... No, they're not there.

Steve: Isn't that them on the floor by the door?

スティーヴが、キャシーが鍵を探すのを手伝う
キャシー　スティーヴ、私の鍵をどこかで見なかった？　またなくなっちゃったの。
スティーヴ　ソファーの背もたれの下のほうは調べたの。だいたいそこで見つかるよ。
キャシー　待ってね、見てみる…いや、そこじゃないな。
スティーヴ　ドアの近くの床の上にあるのがそうじゃない？

イントネーション

Steve helps Cathy | find her keys.

Cathy: ①Steve, | ②have you seen my keys anywhere? ③ They've gone missing again.

Steve: ④Have you tried down the back of the sofa? ⑤That's where I normally find things.

Cathy: ⑥Hang on, ⑦I'll look... ⑧No, | they're not there.

Steve: ⑨Isn't that them on the floor | by the door?

第4章

解　説

Steve helps Cathy | find her keys.　DOWNLOAD2 02 01

　タイトルは、主語の Steve の高さ、Cathy の下降調、そして文末の keys の大きく長い下降調により、キーワードが際立っています。

①Cathy: Steve,　DOWNLOAD2 02 02

　呼びかけに降昇調が使われています。

②have you seen my keys anywhere?

　降昇調の疑問文です。AE では、疑問文に降昇調を使うことはまずありません。keys がまさにキーワードなので、非常に高く発音され、耳に残ります。

ここから切れ目なく核である anywhere につながっています。keys も平坦調（下降調の働き）の核と考えることもできます。でも、anywhere とあまりに密着しているので、②全体は 1 つの音調句であると考えてよいでしょう。

③They've gone **missing** again.　　　

missing が核です。句末原則にしたがっていません。missing が相手に一番伝えたい情報だからでしょう。

④**Steve:** Have you tried down the back of the **sofa**?　

④⑤は文全体のイントネーションが特徴的なので、イントネーションをすべて表示します。sofa が核で下降調です。この文は出だしを高めに始め、そこから核の前まで高いままです。AE なら、疑問文の文頭は低く、そこから上昇し続けます。それとは正反対のイントネーションです。なお、back も大事な情報なので、際立たせるため、高く強く発音されています。

⑤That's where I normally find **things**.　　

上昇調が使われています。この文全体は、実質的には、sofa の補足情報を提供しています。そのような補足情報は低く平らに発音されます。低い音程では、それ以上声を下げられず、節の終わりを下降調で示すことができません。なので、声を上げることで終わりを示します。

⑥**Cathy:** Hang on,　　　　　

分離降昇調です。核は Hang です。命令形ですが、最後を上げることでやわらかさを出しています。

⑦I'll **look**...

句末原則にしたがっています。下降調です。I'll が [al] のように発音されています。

　ちなみに、I'll が [al] と発音されて look とつながると、I look と発音が同じになってしまいそうです。この聞き分けは、まずは文脈で判断します。ただ、RP 話者の場合、もう 1 つ区別する手がかりがあります。I'll の [l] が、「暗い L」([ɫ]) になることです（これは people などの語末にあらわれる [l] です）。少しこもった [l] です。その結果、[aɫʊ́k] という発音になります。一方、I look は [alʊ́k] です。

⑧No, | *they're* not there. 　**DOWNLOAD2 02 07**

　No で平坦調です。また、there で降昇調です。降昇調を使うことで、「そこではなさそうだけど…」と断定を避けています。there は代名詞相当語ですが、ここでは大事な情報なので、核になっています。

　この文は、No と not の 2 語の [n] が、they と there の [ð] を鼻にかける音に変えてしまっています。そのため they're not there. が「ネアノッネー」のように、はっきりしない響きになっています。

⑨**Steve**: Isn't that *them on the* floor | *by the* door?
　DOWNLOAD2 02 08

　この文は、新情報として鍵のある場所を伝えるため、下降調が使われています。場所をわかりやすく伝えるため、2 つに分けて言っています。

5 禁断のイントネーション!? 降昇調と分離降昇調

◆◆ BE らしさの秘密は高低変化

多くの人は、BE を聞くと、音程の変化が激しいという印象を抱くはずです。みなさんもそうではないでしょうか。実際、BE は AE に比べ、高低変化に富んでいます。

その原因の 1 つは、降昇調が多用されるということです。下降と上昇がセットであらわれるのです。AE でも使われないわけではありませんが、BE はその頻度がはるかに高いのです。それだけに、降昇調は BE らしさを生み出す重要な要素です。

ところで、降昇調には 2 種類あります。まず、今まで練習してきたタイプです。1 単語内に下降と上昇が起こるものです。これは、そのまま「**降昇調**」と呼びます。もう 1 つは、複数の単語にわたって下降と上昇があらわれるタイプです。ある単語で下降が起こり、そのうしろにある別の単語で上昇が起こります。これは「**分離降昇調**」と呼んでいきましょう。

本書では、降昇調・分離降昇調についてかなり掘り下げていきます。降昇調の中でも、とりわけ分離降昇調を扱った BE の発音参考書はほとんどありません。学術的な音声学書でもあまり扱われない分野です。イントネーションの中でも、とりわけうまく説明できない分野、いわば「禁断」の分野なのです。

本書は、一般向けの BE 発音の参考書としては初めて、この禁断の降昇調・分離降昇調の世界に本格的に足を踏み入れます。ここから先、みなさんは、イギリス人だけに許された奥深いイントネーションの世界を垣間見ることになるのです。

そうはいっても、むずかしく扱うつもりはありません。ご安心を! ぜひ、「ダウンロードファイル 1」の音声をよく聴いて、声に出して何度も練習してみてください。

◆◆ 降昇調

まず降昇調です。ところで、降昇調は、下降調と上昇調の意味を合わせもちます。つまり、下降調の「断定」「新情報」「完結」に、上昇調の「保留」「未

完」といった意味が加わります。そこで、「断定しかけてやめる」とか、「終わりかけて終わらない」、あるいは「新情報とまではいかないけれど」といった、中途半端な煮えきらないニュアンスが生まれます。そのため、逆接や譲歩を示す文脈や、新しくない情報を際立たせたいときによく使われます。

I'm afraid we're all out │ of salt and vinegar...
（恐れ入りますが、ソルトアンドビネガーは切らしてまして…）

 TRACK 40

ここでは、店員が客の注文に、「ポテトチップスのソルトアンドビネガーは切らしていますけど、塩味とチーズアンドオニオンならありますよ」と言っている場面です。核である vinegar に降昇調を使うことで、「ソルトアンドビネガーはないけど、でも…」という逆接の内容が続くことを示唆します。　次のセリフも一種の逆説を示唆しているものです。

Well, │ I'm supposed to be on a diet.
（ええと、ダイエット中なのよね。）

TRACK 41

第5章

エクレアを勧められている状況です。それに対し「ダイエットしようと思っているのに（もかかわらず、エクレアを食べろと言うの？）」という意味です。次は譲歩の一例です。

That'd be nice, │ if it's not too much trouble.
（ご面倒でなければ、お願いします。）

TRACK 42

コーヒーを勧められて、それをお願いしている場面です。if 節は「もし面倒でなければ」と譲歩しているわけです。

また、「断定＋未完」、つまり言いかけたことはまだ終わらない、続きがある、ということもほのめかします。次は典型例です。

It's about this man │ who goes on holiday to Spain │ and while he's there he meets this woman │ who seems to be really ordinary, │ only she's not │ what she seems.

TRACK 43

（休暇でスペインに来たある男の人についての話なんだけど、その人は滞在中に、ある女に出会うのね、その女は一見フツーに見えるんだけど、実はそうではないのよ。）

　4連続で降昇調が使われています。これらはみな、次にまだ続くものがあると予告しているわけです。
　次の例では、yes-no疑問文で降昇調を使うことによって、やわらかい感じを出しています。

Do you have any idea what time she'll be home?
（何時ごろなら家にいるかわかりますか。）

　下降調にも聞こえるほど最後の上昇は抑えめです。ただ、完全に下がりきってはいないため、控えめな感じがあらわれています。

◆ 降昇調の練習

「ダウンロードファイル1」の音声を聴いて、発音してみましょう。

① Actually, ｜ I'm not sure if I'm free ｜ next Tuesday.

② Could you pop into the supermarket ｜ and pick up some aluminium foil ｜ on the way home?

③ This ｜is a customer announcement : ｜Would Mr. Bridges ｜ please go to customer services ｜where your wife is waiting.

---

①実のところ、来週火曜日が空いているかわかりません。　②帰ってくる途中でスーパーに寄って、アルミホイルを買ってきてくれませんか。　③お客様にご連絡申し上げます。ブリッジズ様、カスタマーサービスまでお越しください。奥様がお待ちです。

---

　①文頭の文修飾の副詞には、降昇調がよく使われます。出だしは聞き手の注意を引くため、下降調か降昇調で高く始めたいのです。ここでは言葉が続く感じを出すため、最後を上げる降昇調を使っています。

　２番目の音調句の核は平坦調ですが、下降調の働きをしています。次の next が低くなっていて、実質的には free next の間で下降が起きているからです。

　②は supermarket で降昇調が起きています。super- でまず下降しています。そして次にさらに言葉が続くため、最後の -ket を上げています。なお、この文は、３つの音調句に分けましたが、音声上の切れ目はありません。核を基準にして、音調句に分けました。この文全体は、BE らしい下降調の yes-no 疑問文になっています。

　ところで、aluminium foil は [名詞＋名詞] の複合名詞です。でも、うしろ側が強く発音されています。前の名詞が材質・材料を表わす表現の場合、その名詞は形容詞的なものとみなされるためです。「アルミ製の」という意味で使われているのです。ちなみに aluminium [æləmíniəm] は BE の単語、発音です。AE では aluminum [əlúːmɪnəm] です。単語の見た目は似ていますが、英米で発音はかなり違います。

　③はデパートの館内放送です。Bridges に降昇調があらわれています。名前が最も重要な情報です。下降調を使いたいところですが、下降調のままでは、きつく響いてしまいます。上品にやわらかく響かせるために、最後を上げているのです。また、降昇調は、下降してから上昇するので、発音が長くなります。相手の名前を告げて呼び出すには、相手に伝わりやすく、効果的な言い方です。

　この文は、わかりやすく伝えるため、音調句を小分けにしています。まず、This を高くはっきり、句切りを入れて言うことで、客の注目を集めています。２番目の音調句では announcement が核です。本来、customer announcement は [名詞＋名詞] の複合名詞ですから、前側が強いはずです。ただ、これも②の aluminium foil と同じように、[形容詞＋名詞] のパターンで、customer が弱く発音されていると考えられます。３番目の音調句でも customer services は複合名詞ですが、services が核です。

　最後の音調句の核は、主語の wife です。wife が高い平坦調で、is waiting は低く発音されています。①の free 同様、[高い平坦調＋低い平坦調] という階段状の音程変化で下降を表わしています。

◆▶ 降昇調の会話例

　ポイントは、降昇調です。1 単語にかぶさる降昇調がかなりの頻度で使われています。かなり BE らしいイントネーションの会話です。

Two flatmates chat about books.

Tony: Good book?

Melissa: Yes, it's really good actually. I can't put it down.

Tony: What's it about?

Melissa: Well, it's about this man who goes on holiday to Spain and while he's there he meets this woman who seems to be really ordinary, only she's not what she seems.

ルームメイトの2人が本についておしゃべりする

トニー　いい本なの？

メリサ　ええ、ほんとにいいわよ。読むのをやめられないの。

トニー　何についての話なの。

メリサ　そうね、休暇でスペインに来たある男の人についての話なんだけど、その人は滞在中にある女に出会うの。その女は一見フツーに見えるんだけど、実はそうではないのよ。

イントネーション

Two flatmates │ chat about books.

Tony: ①Good book?

Melissa: ②Yes, ③it's really good actually. ④I can't put it down.

Tony: ⑤What's it about?

Melissa: ⑥Well, ⑦it's about this **man** ⑧who goes on holiday to **Spain** ⑨and while he's there he meets this **woman** ⑩who seems to be really **ordinary,** ⑪only she's **not** | what she **seems.**

解　説

Two flatmates │ chat about books.　　DOWNLOAD2 03 01

　タイトルは出だしを高く、主部でいったん下降調をかぶせて、句切りを入れています。述部は1語ずつ階段状に下がっています。最終的にはbooks が核になります。下降調です。ここでは声がだいぶ小さくなっています。

①**Tony:** Good **book?**　　DOWNLOAD2 03 02

　上昇調で、句末原則にしたがっています。すでに第4章で見たように、yes-no 疑問文で上昇調を使うのは、BE では珍しいくらいです。ただここでは、単語数が少なく、疑問文を示す倒置もないので、イントネーションで示すほかありません。そのため、上昇調が使われています。

②**Melissa:** Yes,　　DOWNLOAD2 03 03

　かなり声が高くなった下降調で、勢いのある積極的な答え方をしています。

③it's really **good** actually.

　good が核で下降調です。actually で上がって分離降昇調（60ページ参照）になっています。actually は尾部、つまりおまけの情報です。good につら

れて下がる、あるいは低く平らに読んでもかまいません。ただ、actually の
ような副詞が尾部に付くと、上昇させて終わらせることが非常に多いのです。
上昇を付けることで、自分の判断の響きを和らげていると考えられます。

④ I can't put $_{it}$ **down**.　　　　　　　　　DOWNLOAD2 03 04

　句末原則どおりです。核である down の長さを意識してください。日本人
は核が短くなりがちなのです。思いきって長くしましょう。大事な情報である
can't は、高く発音して耳に残るようにしています。

⑤ **Tony**: What's $_{it}$ about?　　　　　　　　DOWNLOAD2 03 05

　一見、句末原則どおりですが、そう簡単ではありません。核は about ですが、
これは前置詞で、本来は核になりません。しかし、前置詞のうしろにあるべき
もの（この場合 what）が前に移動すると、残った前置詞は強く発音されるの
です。
　ただ、残った前置詞は、核になるほど強くならないのがふつうです。例えば
What are you talking about? では、核は talk(ing) です。ところが、⑤では、
疑問詞以外にあるのは、it と about だけです。繰り返しの情報でしかない代
名詞よりは、about のほうが情報を多く伝えます。だから about が核となっ
ているのです。

⑥ **Melissa**: **Well**,　　　　　　　　　　　　DOWNLOAD2 03 06

　言いよどみは、平坦調です。

⑦ $_{it's}$ about this **man**

⑧ $_{who}$ goes $_{on}$ holiday $_{to}$ **Spain**

⑨ and while $_{he's}$ there $_{he}$ meets this **woman**　　DOWNLOAD2 03 07

　⑦⑧⑨いずれも句末原則が当てはまっています。man, Spain, woman はど

れも新情報です。そのため、まず下降させます。ただ、メリサの頭の中には、次に続く情報が浮かんでいます。そこで、続くことを示唆する上昇を最後に付け加えます。結果的に、降昇調となるわけです。

⑩who seems to be really **ordinary,**

　句末原則どおりです。降昇調ですが、上昇部分がほとんど際立たず、むしろ下降しきっていない下降調、といった感じです。次に続く言葉があることを意識しているため、下降しきっていないのです。

　なお、really をゆっくり発音しています。それによってこの単語もかなり耳に残ります。

⑪only she's **not** │ what she **seems.**

　前半は、not が核で下降調です。not 自体は短く発音されて、高く強く聞こえるばかりです。ただ、その後の部分が低く弱いことから、not から下降が始まっていることがわかります。また、seems で低い下降が起きています。

分離降昇調

次に、分離降昇調です。まず基本的な例を取り上げてみましょう。

① I was hoping to run into you.
（あなたに会いたかったんです。）

分離降昇調は、このように、下降調のあとに上昇調（単独の上昇調と区別するため「上昇」と表記します）が続きます。核、つまり一番大事なところは、下降調です。

ところで、核の位置は、通常は句末原則にしたがいます。つまり、音調句の中の最後の位置が普通なのです。

ところが、核が比較的前のほうにあらわれることがあります。すると、核よりもうしろ、つまり尾部に単語が並んでしまいます。

上の例で言えば、核は hoping、尾部は into you です。そんなときに、分離降昇調が発生するのです。

上昇は最後の単語（の最終音節）であらわれます。ここでは you ですね。

もう1つ例を挙げましょう。

② Um, I think that should be possible….
（うーん、できると思いますが…）

この文は think でいったん句切ってもいいんです。でも、最後まで、ひと息（1音調句）で言いたい。分離降昇調は、そんな時に起こります。まず think が最重要語なので、そこに下降調を付けて核にします。そして、尾部が長く続きます。その最後を上げることで、分離降昇調はできあがります。

でも、「なんで最後を上げるんでしょう？　上げなくてもいいんじゃない？」と思う人もいるでしょう。確かに、分離降昇調の最後の上昇は、ほとんどの場合、なければないでもいいのです。ただ、これがあることで、いくつかの働きやニュアンスが加わります。

①のように尾部が短い場合、核の run のあとを低く下げていくことは容易です。ただ、②のように尾部が長いと、ずっと低く抑えて発音するのがむずかしくなります。それが可能だとしても、1つ問題が起こります。最後の単語が

一番弱々しく発音されてしまうのです。

　英語では句末原則があることからもわかるように、最後の部分は、大事な情報の指定席なんです。もちろん、核は run や think など前側にある単語です。でも、最後にある単語は、多少なりとも大事な情報です。なのに、そこで声が低く弱々しくなってしまっては、英語として落ち着かないのです。

　だからこそ、最後で上げるのです。声は、これ以上は下げられない状態です。だから上げるよりないのです。そして、上げることで、最後の単語を際立たせることができます。同時に、上昇調であるために、下降調ほど重要ではないということも伝えられます。

　また、分離降昇調での上昇は、上昇調の持つ意味を伝えます。上昇調の持つ「未完」、「保留」という基本的な意味を、分離降昇調にも持ち込むわけです。つまり、下降によってまず断定された情報を、最後の上昇で弱めるということです。

　断定が弱まることで、柔らかい響きになります。また、親しみを表す効果も生み出します。①はその例です。もし①が、run が下降するだけの単なる下降調で、you での上昇がないと、この文はやや冷たく響くはずです。でも、you を上げることで、音程の変化が増し、快活に聞こえます。これが、親しみを表現していると感じられるのです。

　断定を弱めるわけですから、自信のなさや控えめな感じも表現されます。相手の様子をうかがっているような感じにもなります。②は、そんな用法です。

　さらに、最後を上げることは、「未完」のニュアンスも付け加えます。そのため、まだ言い終わっていない感じも出ます。

　分離降昇調については、音声学の本で扱われることは今までもありました。ただ、どうしてそれを使うのか、あまり明確に説明されていません。日本で出版されている一般向けの BE の発音参考書にいたっては、触れられることすらありません。本書は、ここで分離降昇調をわかりやすく解説し、読者のみなさんに身につけてもらおうとしているわけです。実はこれは前代未聞の試みなのです！

　分離降昇調は BE らしさを生み出す大きな要因です。だからこそ、BE マニアのみなさんはこのイントネーションの使い方をしっかり学んで、リアルな BE 発音を身につけてください！

◆ 分離降昇調の実例

では、dialogue の中にあらわれる分離降昇調を取り上げます。わかりやすいものから始めましょう。

① Oh, hi Ron.

② Hello Dave.

③ It's really good actually.

④ I don't suppose you're free, are you?

①あら、こんにちは、ロン。　②もしもし、デイヴさん。　③本当によい。　④お手が空いていたりしませんよね？

上に挙げた例文は、下降調と上昇の間にすべてカンマを入れることができます。つまり、下降調が核の音調句のあとに、実は上昇調が核の音調句が続いているというわけです。分離降昇調は１つの音調句の中に下降調と上昇があらわれますから、厳密に言うと、こうしたものは正式な分離降昇調とは言えないかもしれません。しかし、本書は実際に韻律を理解し、再現できるようにすることが目的です。あまりに厳密なことはおいておきます。

まずは、こういった例を見ながら、分離降昇調の音程の変化の感覚を身につけましょう。

①と②は、あいさつです。典型的な分離降昇調のメロディです。これは AE でもよく耳にします。

まず、Hi や Hello で下降し、呼びかけで上昇します。上昇はやわらかく響くので、親しみを込めて名前などを呼びかけるときに使われます。

③は、まず文を下降調でひと通り終わらせ、文修飾の副詞を追加しています。文修飾の副詞はしばしば上昇させます。文修飾は、話者の判断を示すため、下降調で断定しまうと、その判断が重い感じになります。上昇を加えると、断定を避けられるので、ちょうどよい感じになります。

ちなみに、文修飾の副詞にトーンを付けないことはまずありません。文修飾の副詞は、話者の判断を示します。地の文とは異質の情報です。それを示すためにトーンを付けるのです。

　④は付加疑問文での分離降昇調です。これは、平叙文の下降調の音調句に、上昇調の音調句がまさに付加されたものです。ちなみに、are you? が下降調で読まれる場合には、どうなるでしょう。この場合、free と are に下降調が付く、2 音調句からなる文になります。

◆ 1 音調句内での分離降昇調

　では、次に、分離降昇調の本流、1 音調句内での分離降昇調の例を見てみましょう。

　⑤ Hang on,

　⑥ Don't worry.

⑤待って。　⑥気にしないで。

　⑤と⑥は、命令形での分離降昇調です。もっともわかりやすい例と言えるでしょう。核は下降調です。下降調がもっとも大事なところです。実はうしろの上昇がなくても、イントネーションは成立します。ただ、上昇がないと、断定だけになり、命令形としてはきつく響きます。上昇を加えることで、響きを和らげた、親しみを込めた命令形になるのです。

　ところで、これらの命令形は、句末原則があてはまっていないのではないか、と疑問に思われるかもしれません。そう、本来句末原則が適用されたら、以下のようになるはずです。

　⑤′ Hang on,
　⑥′ Don't worry.

　どちらも理論上は可能です。ただ、Hang on. は、一般的に⑤のように分離降昇調でいうのが普通のようです。また、⑥は、目の前で悩んでいる人に言うのですから、worry 自体に情報量がないのです。だから、自然と Don't が核になるのです。

　命令形以外ではどうでしょう。

⑦ I was hoping to run into you.

⑧ She's not in right now.

> ⑦あなたに会いたかったんです。　⑧彼女は今いません。

　わかりやすいのは、この⑦と⑧の例です。⑦は前にも見た例ですね。これは、話者は「ほかでもないあなた」に会いたかったのです。⑧は、不在を告げて、それは「今この瞬間だけ」と追加の情報を与えています。どちらも核の次に大事な情報なので、上昇を当てて耳に残るようにしています。

　次は親しみを表現する例です。

⑨ Dave's plumbing service. Dave speaking.

⑩ I'll manage.

> ⑨デイヴ配管工事サービスです。デイヴが承ります。　⑩なんとかします。

　⑨は、客からの電話を受けたときの対応です。客に会社名と担当者名を告げています。上昇させることで、響きを和らげています。
　⑩は、⑥のDon't worry. のあとに続く言葉です。相手に安心感を与えようとしているのです。だからこそ、やわらかな響きを生む上昇が効果的なのです。
　最後に、分離降昇調での上昇の働きが、自信のなさを表わす例を挙げましょう。

⑪ Um, I think that should be possible….
（うーん、できると思いますが…）

　話者はthat 以下の内容に自信がありません。そのため、think に下降調を付けて、「と思う」という意味を強調しています。そして、残りの部分（尾部）を低く言い、最後のpossible で上昇させます。上昇調は「未完」を表わすため、文が終わりきらない印象を与え、なんらかの情報が続くことをほのめかし

ます。たとえば「だけど…」とか「ただ…」とかいうような条件です。かなり自信のない控えめな言い方です。

◆ 分離降昇調の練習

「ダウンロードファイル1」の音声にしたがって、発音してみましょう。

TRACK
54

① Oh no. The milk isn't off, is it?

② You couldn't hoover the floor for me, could you?

③ Jake and I don't get on ｜ – never have, actually.

④ Actually |I'm very keen on going on the business refresher course| because I haven't studied for a while, |and my spoken French is a bit rusty to be honest.

①なんてこと！　牛乳が腐ってるんじゃないの⁉　②掃除機をかけてもらえないかな？　③ジェイクと私は気が合わない。というかこれまで一度も合ったためしがない。④実のところ、私は社会人のための再教育課程にすごく通いたい。なぜなら、長いこと勉強してこなかったので、正直言って私の話すフランス語は、少しあやしい。

①と②は、文末の下降調に付加疑問での上昇調が伴う例です。②は下降してから上昇するまでの間が長いパターンです。上昇するまでの間は、低く平らに発音します。

分離降昇調や降昇調がうまく言えない人は、まず①を何度も発音してみてください。比較的言いやすい付加疑問での分離降昇調で、下降と上昇の組み合わせの感覚を身につけましょう。

③では、2つの音調句の両方に分離降昇調があらわれます。1番目の音調句では、まず否定の情報をはっきり伝えます。声を下げたまま、get まで一気に発音して、最後の音節 on で上げます。この on は大事な情報なので、注意を引くために音程の変化を付けないといけません。on があることで、単なるget とは違う意味（「うまくやっていく」）を表わすからです。

第5章

２番目の音調句では、have が核です。否定は、前の音調句ですでに出てきました。だから、never より「今まで」という情報のほうが大事なのです。そして、最後の actually で上昇させます。文修飾の副詞、特に actually の句末での発音の典型です。

　④の actually は文頭での典型的なトーンの例です。２番目の音調句は一気に発音されています。refresher course は複合名詞なので、前側が強いのです。それに business が形容詞的に付いています。そのため、refresher が核で、下降調です。

　第３音調句は、「しばらく勉強していないから」と理由を述べています。それをはっきり表わすために、haven't に下降調を付けています。残りの部分は一気に言うため、低く保ち最後の while で上昇させています。続きがあるのを示唆するためです。

　最後の音調句では、rusty が核です。ここに to be honest という独立不定詞を付けています。actually 程度の意味の、さほど重要ではない表現です。なので、それに独立した音調句を与えて、下降調で読むほどではありません。そこで、rusty の音調句に組み込み、軽く上げることで、少しだけ際立たせています。

◆ 分離降昇調の会話例

　この会話では、分離降昇調が多用されています。この会話例のような電話の出だしでは、AE でも分離降昇調が聞かれるかもしれません。とはいえ、分離降昇調が多用されるのは、紛れもなく BE です。

Cindy's washing machine is broken.

TRACK 55

Dave: Hello, Dave's plumbing service. Dave speaking.

Cindy: Hello Dave, it's Cindy Brown. I'm still having some problems with my washing machine. It keeps leaking. Do you think you could send someone over to have a look at it today?

Dave: Um, I think that should be possible....

シンディーの洗濯機が故障する
デイヴ　デイヴ配管工事サービスです。デイヴが承ります。
シンディー　もしもし、デイヴさん、シンディー・ブラウンです。洗濯機の調子が今も悪いんです。水が漏れ続けています。今日、誰かに来てもらって、見てもらうことはできますか。
デイヴ　うーん、できると思いますが…。

イントネーション

TRACK 55

Cindy's washing machine *is* broken.

Dave: ①Hello, ②Dave's plumbing service. ③Dave speaking.

Cindy: ④Hello Dave, ⑤*it's* Cindy Brown. ⑥*I'm* still having *some* problems *with my* washing machine. ⑦*It* keeps

第5章

leaking.

⑧Do you **think** you could send someone **over** ⑨to have a **look** at it ⑩**today**?

Dave: ⑪**Um**, ⑫I **think** that should be possible...

解　説 ....

Cindy's washing machine is broken.

　句末原則にしたがっています。
　ちなみに、washing machine は [動名詞＋名詞] なので、前側 washing が強くなります。また、Cindy's という所有格表現は、形容詞と同様の働きをします。そこで、このタイトルの主部 Cindy's washing machine がひとまとまりで発音された場合、washing が一番強くなります。

①Dave: Hello,

　電話に出る時の最初の hello は、上昇調です。hello は、電話を受ける最初の言葉として使います。ちなみに、この hello はよく「もしもし」と訳されますが、電話を受ける側の第一声の訳にはあてはまりません。

②Dave's plumbing service.

　②は、上で述べた Cindy's washing machine と同じ、[所有格（形容詞）＋動名詞＋名詞] の構造です。plumbing が核で、下降調です。響きを和らげるため、service で上昇しています。全体で分離降昇調です。plumbing の発音は [plʌmɪn] で -b- は発音しません。

③**Dave** speaking.　　　　　　　DOWNLOAD2 03 10

　Dave が核で下降調です。さらに最後で上げています。響きを和らげるため
です。

④**Cindy**: **Hello** Dave,　　　　　DOWNLOAD2 03 11

　これも分離降昇調です。

⑤*it's* Cindy **Brown.**

　名前は大事な情報です。新情報として相手に伝えるため下降調が使われてい
ます。フルネームは１つの句とみなされ、うしろ側（姓）が強くなります。

⑥*I'm* still having *some* problems *with my* **washing** machine.
　　　　　　　　　　　　　　　　　　　DOWNLOAD2 03 12

　washing machine は前が強くなるので、この文全体では素直に句末原則
にしたがっていると言えます。with は [wəð] と、非常に弱く、短く、あいま
いに、口を動かさず発音しています。英語を英語らしく発音するには、こういっ
た弱形の発音も大切です。

⑦*It* keeps **leaking.**

　素直な句末原則です。

⑧*Do you* think *you could* send someone **over**　　DOWNLOAD2 03 13

　⑧と⑨の間には句切れはありません。ただ、over でいったん大きな音程の
変化があるので、そこで音調句を分けました。over は o- で高く、-ver で低
く平らです。２段階の下降調です。ただ、次の to 以下がすぐあとに続いてい
るので、十分低くなっていません。

⑨ to have a **look** at it

look が核です。at it は機能語ですので、核になりません。発音のコツは、look at it を lóokatit のように、第1音節に強勢のある1語とみなして発音することです。

⑩ **today?**

⑧〜⑩で1つの yes-no 疑問文です。これも例にもれず下降調です。通常、today のような代名詞相当語は核になりません（31ページ参照）。しかし、この today は、相手に知ってもらいたい情報なので、下降調になっています。BE で yes-no 疑問文に下降調が使われるというのは、疑問文だという情報よりも、相手に知ってもらいたい情報を優先して伝えているということなのです。

⑪ **Dave: Um,**

言いよどみなので、平坦調です。

⑫ I **think** that should be possible....

64ページで扱った分離降昇調の文です。think を核として伝えることで、that 以下が可能だと断定はできないが、可能だろうと思っている、と伝えています。最後の possible を上げることで、続きがあることをほのめかします。それによって、自信のなさを表現しています。

◆◆降昇調と分離降昇調を含む長文に挑戦

では、「ダウンロードファイル1」の音声を聴き、以下の長文を音読して、降昇調と分離降昇調を練習してみましょう。

Answer machines

Welcome to Free Phone Express customer services. The fastest and easiest way to get help is to visit our website double-u double-u double-u dot freephoneexpress dot uk. There, you can get information about all our services. Alternatively, here is our main menu: Please choose from the following options. If you're an existing customer, please press one. If you wish to enquire about our services, please press two. For all other enquiries, please press three.

自動応答装置

　お電話ありがとうございます。フリーフォンエクスプレス、カスタマーサービスです。もっとも迅速かつ簡単にご案内申し上げたく、当社ウェブサイト（www.freephoneexpress.uk）をご利用ください。当社のすべてのサービス情報をご覧いただけます。お電話で承る場合には、これから申し上げる次の中からお選びください。現在ご利用いただいているお客様は1を、当社のサービスについてお聞きになりたい場合は2を、それ以外のお問い合わせは3を押してください。

イントネーション

Answer machines

①Welcome to Free Phone Express　②customer services.

③The fastest and ④easiest way to get help ⑤is to visit our website

第5章

⑥double-u double-u double-u dot

⑦freephoneexpress

⑧dot uk.

⑨There, ⑩you can get information about all our services.

⑪Alternatively, ⑫here is our main menu:

⑬Please choose from the following options.

⑭If you're an existing customer, ⑮please press one.

⑯If you wish to enquire about our services, ⑰please press two.

⑱For all other enquiries, ⑲please press three.

解 説 ....

Answer machines

DOWNLOAD2 03 15

①Welcome to Free Phone Express

DOWNLOAD2 03 16

　Free と Phone は際立つように高く発音されています。Express で小さな降昇調があらわれ、次に続きがあることがわかります。

②customer **services.**

　services が長く発音され、下降調があらわれています。services が核とわかります。ただ通常、customer service(s) は普通の複合名詞で、前側の customer が強くなります。では、なぜ services が強くなったのでしょう。おそらくリズムをよくするためだと思われます。Free phone Express では、phone がやや弱く、Express は強く長く発音されます。customer を弱めると、**Free** phone **Express** customer **services** と、強弱が交互に並ぶリズムができあがります。英語のネイティヴ・スピーカーは強弱が交互にあらわれるリズムを好むのです。

③*The* **fastest** *and*

DOWNLOAD2 03 17

　③の fastest はかなり高い音程から、下がっています。fastest を強調しています。

④easiest way *to* get **help**

　句末原則が当てはまる例です。help で文の主部が終わり、述部が続くことを示すため、降昇調が使われています。

⑤*is to* visit *our* **website**

　⑤は述部です。ただ、website のあと、具体的な URL が続くことを示すため、平坦調を使っています。降昇調も続きがあることを示せますが、平坦調が妥当です。降昇調は下降があるため、情報が重要だとほのめかします。でも、website という単語は、URL の前置きにすぎません。そのため、下降が入らなくてもよいのです。

⑥double-u　double-u　double-u　**dot**

DOWNLOAD2 03 18

　⑥は、URL の出だしの部分です。3 つの w (double-u) が高低高と並んでいます。これは、強弱強を表現していると考えられます。そのあとに dot で下

第5章

降調が付いており、ここが核です。ちなみに、URL の dot はたいてい下降調で発音されるようです。

⑦ freephoneexpress

　これも、前の www と同様、高低高です。いわば降昇調です。この freephoneexpress という長い 1 単語だけで、前後にポーズを入れています。この単語が URL で重要だからです。ただ、新しい情報ではなく、次にさらに情報が続く文脈です。そのため、下降調ではなく降昇調を使っていると考えられます。

⑧ dot uk

　URL の最後の部分です。句末原則にしたがっています。なお略語はうしろ側に強勢が来ますので、k に下降調が付きます。

⑨ There,

DOWNLOAD2 03 19

　There だけで独立した音調句を作っています。下降調です。

⑩ you can get information about all our services.

　句末原則にしたがっています。この 1 文（1 音調句）はかなりはっきり発音されているように感じられます。でもよく聴くと、you can は極めて弱く、短く、あいまいに「ユクン」と発音されています。

⑪ Alternatively,

DOWNLOAD2 03 20

　文頭の副詞は降昇調がよく使われます。

⑫ here is our main menu:

　here が際立ち、menu はあまり注意を引かず、声も消え入るようです。ただ、

音程の変化から、やはり menu が核といえます。

⑬ Please choose *from the* following **options.**

　Please は出だしで高く発音されていますので、耳に残ります。核は options で、すっきり下降しています。

⑭ If *you're an* **existing** customer,

　existing で下降が起こっています。これが核です。そして customer で上昇しています。次に続くものがあることをほのめかしています。existing customer は [形容詞＋名詞] ですから、本来は customer が強いはずです。ただ、カスタマーサービスへの電話ですから、電話をかけてくるのは customer に決まっています。なので、customer には情報量がなく、より情報として価値のある existing が核になっていると考えられます。

⑮ please press **one.**

　one が核です。文末が、一番重要な情報の指定席だということがよくわかる例です。

⑯ If *you* wish *to* enquire about *our* **services,**

　services は大事な情報であり、かつ続きがあることを示すため、降昇調が使われています。

⑰ please press **two.**

　Please は高いので際立っていますが、核は two です。

⑱ For all **other** enquiries,

　other が核です。enquiries は名詞ですが、この単語は既出ですので、情報

量は小さくなっています。次に指示が続くことを予告するため、上昇させています。

⑲ please press <u>th</u>r<u>ee</u>.

　please は高いので目立ちます。でも、核は three です。

Part II
実例集1
会話編

では、実際にイギリスで耳にするようなBEの会話と
アナウンスのイントネーションを詳しく分析してみましょう。
会話文を13本、アナウンスを6本用意しました。

1

エクレアをすすめる

テーマ & 発音のポイント

この会話は、基本的に句末原則があてはまっています。トーンの多くは下降調です。文末などの音調句の最後で一気にエネルギーを使うことを意識して、音読しましょう。

読んでみよう

Brian tempts Tania with an éclair.

TRACK
57

Tania: What are you eating?

Brian: A chocolate éclair. Do you want one? There's some in the fridge.

Tania: Well, I'm supposed to be on a diet.

Brian: Oh come on, one tichy little éclair won't hurt.

Tania: Go on then. You've twisted my arm.

ブライアンがタニアにエクレアをすすめる
タニア　何を食べてるの？
ブライアン　チョコエクレアだよ。1個いるかい。冷蔵庫に入ってるよ。
タニア　ええと、ダイエット中なのよね。
ブライアン　まさか、ちっちゃいエクレア1個、問題ないでしょ。
タニア　しようがないわね。じゃ、いただくわ。

イントネーション

TRACK 57

Brian tempts **Tania** | ₍ᵢₜₕ ₐₙ **éclair.**

Tania: ①What ₐᵣₑ ᵧₒᵤ **eating?**

Brian: ②ₐ chocolate **éclair.** ③ᴰₒ ᵧₒᵤ **want** one?
④ₜₕₑᵣₑ'ₛ some ᵢₙ ₜₕₑ **fridge.**

Tania: ⑤**Well,** | ᵢ'ₘ supposed ₜₒ be ₒₙ ₐ **diet.**

Brian: ⑥Oh come **on,** | one tichy little éclair won't **hurt.**

Tania: ⑦**Go** on then. ⑧ᵧₒᵤ'ᵥₑ twisted ₘᵧ **arm.**

解　説

Brian tempts **Tania** | ₍ᵢₜₕ ₐₙ **éclair.**　　DOWNLOAD2 04 01

　タイトルは2つの下降調からなり、どちらも句末原則にしたがっています。このように2つ聞いてほしいポイントがあるなら、2つに句切って、それぞれに核を付けていいのです。

① **Tania:** What ₐᵣₑ ᵧₒᵤ **eating?**　　DOWNLOAD2 04 02

　句末原則が当てはまります。What are you は、口をあまり開けずに一気に発音されています。特に are がほとんど消えるほど弱く発音されています。その結果、「ゥワッツュ」のように聞こえます。

② **Brian:** ₐ chocolate **éclair.**　　DOWNLOAD2 04 03

実例集1　会話編

句末原則どおりです。chocolate は名詞ではなく、形容詞として使われていますので、éclair が核になります。

③ Do you **want** one?　　　　　　　　　

この one は数字ではなく、代名詞です。そのため、核は want に移っています。もし「2 つや 3 つではなく 1 つだけ」といった数字の意味で使われているなら、one が核になります。

④ There's some in the **fridge**.　　　　　

1 つではなく、複数個あるということで、some は強く発音されています。核は句末原則どおり fridge です。

⑤ **Tania**: Well, │ I'm supposed to be on a **diet**.　

Well は言いよどみです。次に言葉が続くことを暗示する平坦調です。diet が降昇調なのは、煮えきらない断定を表現しているためです。エクレアの誘惑で苦しんでいるわけです。

⑥ **Brian**: Oh come on, │ one tichy little éclair won't **hurt**.

come on では、下降調のような微妙な降昇調です。hurt も降昇調です。降昇調を使うことで断定を和らげ、押しつけがましさを減らしているのでしょう。

⑦ **Tania: Go on then.**　DOWNLOAD2 04 08

　Go on は、句末原則で on が核になるはずですが、Go が核です。⑥に出た come on は、「反対」を示す表現です。ここでは、Come ではなく Go にすることで、「続けて」という肯定的なニュアンスが出ます。そのために go が核になっていると考えられます。ただ go on(with you)！で「冗談はやめて！」という意味もあります。ここは、しぶしぶ受け入れる気持ちを示す表現と考えられます。

⑧ You've twisted my **arm.**　DOWNLOAD2 04 09

　素直な句末原則です。twist one's arm は「腕をねじる」という意味です。そこから「無理強いする」という意味になります。さらに、この例のように、ユーモアを込めて「そこまで言うなら、ありがたくいただきます」となるのです。
　⑦と⑧は、肯定とも否定とも取れる表現です。それだけ Tania が迷っているということがわかります。

実例集 1 会話編

2

下降調で話してみよう！

けがをしてしまった！

テーマ & 発音のポイント

　この会話も、1 と同様、句末原則にかなり忠実に読まれています。そして、使われているトーンのほとんどが下降調です。下降調だけでも、これだけ生き生きとした会話が可能です。大きな高低差を忘れないようにしましょう！

読んでみよう

Kay cuts her finger by mistake.

TRACK
58

Kay: Ouch....

Mark: What's the matter?

Kay: I cut my finger on the bread knife. Ouch....

Mark: Let me see.... Oh, it doesn't look too bad. Try running it under the tap. I'll go and see if I can find a plaster.

Kay: Thanks. I don't know how I did that.

ケイが誤って指を切ってしまう

ケイ　いたっ…。

マーク　どうしたの？

ケイ　パン切りナイフで指を切っちゃった。いたた…。

マーク　どれどれ…。ああ、そんなにひどくはなさそうだね。水道で流してきたら。ばんそうこうを探してくるから。

ケイ　ありがとう。なんでこんなことになっちゃったのかしら。

イントネーション

Kay | cuts *her* **finger | ** *by* **mistake.**

Kay: ①Ouch....

Mark: ②What's *the* **matter?**

Kay: ③I cut *my* finger *on the* **bread** knife.　Ouch....

Mark: ④Let *me* **see**.... ⑤Oh, *it* doesn't look too **bad.**
　⑥Try running *it* under *the* **tap.** ⑦I'll go *and* see *if I can* find *a*
plaster.

Kay: ⑧Thanks. ⑨I don't know how *I* **did** that.

解　説

Kay │ cuts *her* **finger │ ** *by* **mistake.**　　DOWNLOAD2 04 10

　下降調が 3 つ使われています。タイトルをわかりやすくするためだと考えられます。句末原則どおりです。まず Kay という名前。まさに新情報です。あとは「けがをした」という情報と、「間違えて」という情報も、聞き手には新しいわけです。このように音調句を短くし、下降調を多く使うことで、聞き手にとってまったく新しい情報を、わかりやすく表現しています。

① Kay: Ouch....　　DOWNLOAD2 04 11

　下降調です。下降調以外だと痛そうではありませんよね。

実例集 1　会話編

② **Mark**: What's *the* matter?

句末原則どおりです。

③ **Kay**: *I* cut *my* finger *on the* bread knife. Ouch....

　bread knife は複合名詞なので、前側の bread が強く読まれます。そのため、この文の核は bread です。
　ところで、この文は一気に発せられています。指を切ったことより、bread knife が原因ということをポイントとして伝えています。

④ **Mark**: Let *me* see....

句末原則どおりです。

⑤ Oh, *it* doesn't look too bad.

　Oh は平坦調ですが、そのあとは句末原則にしたがい、下降調になっています。

⑥ Try running *it* under *the* tap.

　句末原則にしたがいます。it の [t] が聞こえなくなっています。現代の大衆的な BE の特徴です。

⑦ *I'll* go *and* see *if I can* find *a* plaster.

　複文構造ですが、核は 1 つです。典型的な句末原則の例です。I'll は [əl] と発音されています。ほとんど聞こえないくらいの弱さです。plaster の -a- は [ɑː] です。AE では plaster の -a- には「エ」の音が強く、長い [æ] が使われ、[plæːstə] と発音されます。

⑧ **Kay**: Thanks.　　　　　　　　　　　　`DOWNLOAD2 04 18`

下降調です。

⑨ I don't know how I **did** that.　　　　`DOWNLOAD2 04 19`

　that は代名詞なので、核は繰り上がって did です。ただし、that は指示代名詞で、単なる代名詞の it よりは情報量があるので、核になることもあります。なお、I はどちらも非常に弱く発音されていて、ほとんど聞こえないくらいです。

Nadia's Column　イギリス英語をもっと知りたい！①　TRACK 76

Chrimboって何？

答えと訳は 109 ページにあります。

　去年、クリスマスに家族で私の実家に帰ったとき、私の日本人の夫が言いました。
　「ねえ、Chrimbo って何？　今日はテレビでやたら Chrimbo って言っているけど」
　イギリス人は、Christmas のことをよく Chrimbo, あるいは Crimbo と言い、よく "Have a lovely Chrimbo, everyone!"（みなさん、どうかよいクリスマスを！）などと言います。
　英語には指小語（diminutive）というものがあります。これは単語の末尾に -ie や -let のような接辞を付けて「小さいこと」や「かわいらしさ」を表現する言い方です。たとえば、dog に -ie を付けて doggie（**わんわん**）, pig に -let を付けて piglet（**子ブタ**）などと言います。
　イギリス人は、単語にいろいろな接辞を付けて、親しみを表現します。行事や地名によく使われます。有名デパート Harvey Nicholas を Harvey Nics, Britain を Blighty と言ったりします。
　では、イギリス人がよく使う言い方を紹介します。何のことかおわかりでしょうか？　答えと訳は 109 ページにあります。なお、以下の英文の音声を「ダウンロードファイル 1」に収録しています。

　1. When did you get back from uni?
　2. What would you like in your sarnie?
　3. I've given up the ciggies.
　4. Have you seen my wellies anywhere?
　5. I can't find my nightie!
　6. Help yourself to biccies.
　7. He's a brickie.
　8. What a beautiful budgie!
　9. Can you pop to the chippie on the way home?
10. Do you fancy a cuppa?

3 待ち合わせに遅れる

BE らしい多様なトーンを学ぶ！

テーマ & 発音のポイント

　この会話では下降調以外に、①や②、⑫で高低２段階のトーンが聞かれます。また、降昇調（④）や分離降昇調（⑩）も使われています。BE らしい多様なトーンに慣れましょう。

読んでみよう

Sue is late to meet a friend.

TRACK 59

John: Hello.

Sue: Hi, John. I'm so sorry I'm running late. Are you there already?

John: Yeah, I just got here. Where are you?

Sue: I'm just coming out of the tube. I'll be there in about 10 minutes.

John: Not to worry. I'll be in the café on the ground floor.

Sue: OK. I'll be there as soon as I can.

スーは友達との待ち合わせに遅れる
ジョン　もしもし。
スー　ジョン、ごめんなさい、遅れてるの。もう着いてる？
ジョン　うん、ちょうど着いたところ。どこにいるの？
スー　地下鉄から出たところなの。10 分くらいで行けると思う。
ジョン　気にしないで。1 階のカフェにいるから。
スー　わかった、できるだけ早く行くね。

イントネーション

TRACK
59

Sue is late to meet a friend.

John: ①Hello.

Sue: ②Hi, John. ③I'm so sorry I'm running late.
④Are you there already?

John: ⑤Yeah, ⑥I just got here. ⑦Where are you?

Sue: ⑧I'm just coming out of the tube. ⑨I'll be there in about 10
minutes.

John: ⑩Not to worry.　⑪I'll be in the café │ on the ground
floor.

Sue: ⑫OK. ⑬I'll be there as soon as I can.

解　説

Sue is late to meet a friend.　　　DOWNLOAD2 04 20

　句末原則どおりです。このタイトル文は、強弱が交互にあらわれる、4 拍の
わかりやすいリズムが特色です。

① John: Hello.　　　DOWNLOAD2 04 21

　-llo を高低 2 段階の平坦調で発音しています。後半が下がりきっていないた
め、やわらかい響きです。なお、He- はふつうの高さで声を出します。

② **Sue**: Hi, John.

Hi と John も 2 段階で発音しています。

③ I'm so sorry I'm running late.

典型的な句末原則です。

④ Are you there already?

　Are you there al- まで一気にほぼ平らに発音しています。-ready で高く上がった降昇調になっています。最後が上がるという点では、疑問文らしいのですが、単純な上昇調ではありません。降昇調を使うというのが BE らしいところです。

⑤ **John**: Yeah,

断定しているため下降調です。

⑥ I just got here.

　下降調です。here は代名詞相当語なので、核は got に繰り上がっています。got の語末は「ッ」のようになり、[t] が聞こえなくなっています。大衆的な BE の発音で、会話らしい雰囲気を演出しています。

⑦ Where are you?

　[疑問詞＋ be 動詞＋代名詞] の組み合わせでは、be 動詞が核になります。下降調が普通です。ちなみに、Where と are の間に [r] がつなぎとしてあらわれています。

⑧ **Sue**: I'm just coming out of the tube.

句末原則どおりです。下降調です。なお、I'm, of the はともにきわめて弱く、短く曖昧に発音されています。

⑨ *I'll be* there *in* about 10 minutes.　　　DOWNLOAD2 04 28

句末原則どおりです。minutes で下降していて、これが核です。10(ten) が高く際立つので、これが核だと思われるかもしれませんが、基本的に [数字＋単位] は句末原則にしたがいます。なお、I'll は [aI] と発音されています。

⑩ John: Not *to* worry.　　　DOWNLOAD2 04 29

Not は高く、to wor- は低く -ry は高いという分離降昇調です。核は Not です。最後を上げることで、やわらかくおだやかに響いています。

⑪ *I'll be in the* café │ *on the* ground floor.　　　DOWNLOAD2 04 30

はっきり句切れてはいませんが、2 音調句からなります。位置を示す 2 つの単語 café と floor が核です。それぞれ新情報ということで、下降調です。ground floor は [数字＋単位] の一種で、うしろ側が強くなります。

⑫ Sue: OK.　　　DOWNLOAD2 04 31

OK は高低 2 段階の発音です。高から低に下がるので、実質的には下降調ですが、シャープに下がらないことで、やわらかく響きます。

⑬ *I'll be* there *as* soon *as I* can.　　　DOWNLOAD2 04 32

最後の can が核で下降調です。can は助動詞、つまり機能語ですが、うしろが省略された助動詞は、省略された述部を代表しています。それを示すため、強く発音されます。たとえば Yes, I do. の助動詞 do は通常、核で下降調です。

ところで、as soon as の 2 つの as は非常に弱まった結果、[z] のみ聞こえます。there as soon as I can が「ヅェスーンザェケァン」のように聞こえるのは、そのためです。

4 同僚にばったり会う

テーマ & 発音のポイント

「道で同僚に出くわす」という一場面。驚きを表わす際のイントネーションの使い方はどうなっているのでしょう。高低差の大きな下降調などのトーンと、核の位置に注目してみましょう。

読んでみよう

Sharon bumps into her workmate, Ron, in the street.

Ron: Sharon? What are you doing in this neck of the woods?

Sharon: Oh, hi, Ron. I'm just visiting my nan. She lives up this road. Do you live around here, then?

Ron: Yeah, I live just around the corner – you should pop round sometime.

Sharon: Thanks. I will.

シャロンは通りで同僚のロンにばったり出くわす

ロン　シャロンじゃない？　こんなところで何をしているの。

シャロン　あら、こんにちは、ロン。おばあちゃんの家に行くところなの。このあたりに住んでいるのよ。それじゃ、あなたのおうちもこのあたり？

ロン　そう、ちょうどそこの角を曲がったところ。いつか寄ってよ。

シャロン　ありがとう。そうする。

イントネーション

Sharon bumps *into her* workmate, **Ron,** | *in the* **street.**

Ron: ①**Sharon?** ②What *are* **you** doing | *in* this neck *of the* **woods?**

Sharon: ③**Oh, hi,** Ron. ④*I'm* just visiting *my* **nan.** ⑤*She* lives *up* this **road.** ⑥*Do you* **live** around here, then?

Ron: ⑦**Yeah,** ⑧*I* live just around *the* **corner** – ⑨*you should* pop **round** sometime.

Sharon: ⑩**Thanks.** ⑪*I* **will.**

解 説

Sharon bumps *into her* **workmate,** **Ron,** | *in the* **street.**

DOWNLOAD2 04 33

　Ron に大きな下降調がかぶさっています。in the street は際立ちません。この句は重要度が低いことがわかります。とはいえ、in the street も 1 つの音調句をなしているので、小さな下降調が付いています。

① Ron: Sharon?

DOWNLOAD2 04 34

　表記上は疑問形ですが、驚きを表わしている表現です。なので、かなりの高さから一気に下がっています。

実例集 1 会話編

② What are **you** doing │ in this neck of the **woods**?

DOWNLOAD2 04 35

you と woods が核で下降調です。音声上は一気に発せられていますが、2音調句を構成しています。機能語の you を際立たせているのは「まさか君がここにいるとは!?」という驚きを表わしているからです。

woods は、出だしの［w］でしっかり唇を丸めて発音しましょう。ちなみに in this neck of the woods は、口語表現で「こんな所で（に）」。元は AE ですが現在 BE でもよく使われています。

③ **Sharon: Oh, hi**, Ron.

DOWNLOAD2 04 36

Oh は下降調です。ただし、声が裏返るほど高い音程です。イギリスの女性によく聞かれる話し方です。hi も同様、高いところから下降しています。呼びかけの Ron ではやわらかく響く上昇調が使われています。hi, Ron は結果的に分離降昇調になっています。

④ I'm just visiting my **nan**.

DOWNLOAD2 04 37

⑤ She lives up this **road**.

DOWNLOAD2 04 38

④も⑤も句末原則にしたがっています。nan はかなり高いところから一気に下がっています。road はそこまで高低差のある下降調ではありません。ちなみに、nan は「おばあちゃん」という意味の BE です。

⑥ Do you **live** around here, then?

DOWNLOAD2 04 39

live が核で、下降調です。ただ、音調句の早い段階に核があるので、尾部が長くなっています。終わりを示すため、最後を上昇させています。全体で、分離降昇調をなしています。

⑦ **Ron**: Yeah, DOWNLOAD2 04 40

はっきりした答えを示すため、Yeah には、下降調が付いています。

⑧ ɪ live just around *the* **corner** –

句末原則にしたがっています。(around the) corner は新情報で、下降調が使われています。

⑨ *you should* pop **round** sometime. DOWNLOAD2 04 41

sometime は「未来のある時」を示す表現です。漠然とした表現なので、あまり情報量がありません。そのため、round が核になっています。なおこの round は副詞で、内容語です。

⑩ **Sharon**: Thanks. DOWNLOAD2 04 42

⑪ ɪ will. DOWNLOAD2 04 43

⑩⑪はともにはっきり肯定的に答えているので、下降調です。⑪の will は、省略した述部を代表する助動詞が核になる例です。

実例集 1　会話編

5 ちょっと早かった？

テーマ & 発音のポイント

友人同士のくだけた会話です。BE らしく多様なトーンが使われているのが特徴です。あらゆるトーンが使われています。AE とはまったく異なる、イギリス人女性ならではの高低変化に富んだイントネーションにも注目してみてください。

Sue goes to visit her friend James.

Sue: Hiya – sorry I'm a bit early.

James: Oh, hi, Sue. Come in. Er, sorry about the mess. I just got up. Er, do you want a coffee?

Sue: Yes, that'd be nice, if it's not too much trouble.

James: No, it's no trouble at all. Do you take milk, sugar?

Sue: Do you have any soya milk?

スーが友人のジェームズの家を訪れる
スー　こんにちは。ごめん、ちょっと早いよね。
ジェームズ　ああ、やあ、スー。入りなよ。あの、散らかっててごめん。ちょうど起きたところ。えーと、コーヒーでも飲むかい。
スー　ええ、ありがとう、すっごく大変でなければ。
ジェームズ　お安いご用だよ。ミルクとお砂糖はいる？
スー　豆乳はあるかしら。

イントネーション

Sue goes to visit | her friend James.

Sue: ①Hiya – ②sorry | I'm a bit early.

James: ③Oh, ④hi, Sue. ⑤Come in. ⑥Er, | sorry | about the mess. ⑦I just got up. ⑧Er, | do you want a coffee?

Sue: ⑨Yes, ⑩that'd be nice, ⑪if it's not too much trouble.

James: ⑫No, it's ⑬no trouble at all. ⑭Do you take milk, | sugar?

Sue: ⑮Do you have any soya milk?

解　説

Sue goes to visit | her friend James.　　DOWNLOAD2 04 44

　2音調句で発音されています。核はそれぞれ句末原則どおり visit と James です。visit は続きがあるので、降昇調です。一方、James は文の終わりなので、下降調です。

　また、出だしの Sue は新出の名前ですから、高くはっきり発音されていますが、核ではありません。

① Sue: Hiya –　　DOWNLOAD2 04 45

　Hiya は BE でよく使われる、気さくなあいさつです。Hi- が高く平らで、

-ya で低い、高低2段階の、BE ではよく聞かれるイントネーションです。下降調の働きをしています。

② sorry ｜ I'm a bit early.

　核は sor-(ry) と early にあります。sorry は下降調です。early は降昇調です。下降調で言いきるのではなく、降昇調で最後を上げることで、響きが和らぎます。親しみを表わしていると言ってもいいでしょう。結果として、女性的なかわいらしさがあらわれます。

③ James: Oh,

`DOWNLOAD2 04 46`

　Oh で下降調です。

④ hi, Sue.

　hi で高い平坦調です。ただ、次でいったん下がっているので、下降調の役割をしているといえます。さらに呼びかけの Sue には、親しみを表わすため上昇調が使われています。全体としては一種の分離降昇調です。

⑤ Come in.　　　　　　　　`DOWNLOAD2 04 47`

　in は副詞で核です。come の意味をはっきりさせる大事な情報です。だから核になっていて、句末原則にもしたがっています。

⑥ Er, ｜ sorry ｜ about the mess.　`DOWNLOAD2 04 48`

　Er は言いよどみなので、平坦調です。sorry で下降します。音声上は切れ目はありませんが、sorry が1つの音調句を作っていると考えられます。about the mess の音調句は、句末原則どおりです。

⑦ I just got up.　　　　　　`DOWNLOAD2 04 49`

96

up が核です。この up も、⑤の Come in. の in 同様、副詞です。got に up が付くことで「起きた」と意味が限定されます。大事な情報なのです。

　ちなみに、ここでの got up の [t] は AE のように有声化し、「ゴダップ」となっています。BE でも、たまには [t] の有声化は起こることがあるんです。

⑧ Er, │ do you want a coffee?

　Er は言いよどみで、平坦調です。次の疑問文の核は coffee です。句末原則どおりです。上昇調です。

　ところで、上昇の矢印の付け方について、ちょっと補足説明しておきます。上昇調は、単語の強勢音節から始まります。その意味で、本来、矢印は cof- に付くべきです。ただ、強勢音節のうしろに、さらに音節が続くと、うしろの音節（coffee の -fee）のほうが高くなります。ここでは、実際に高くなっている -fee に矢印を付けています。

　ちなみに、do you は d'you[dju] と発音されています。

⑨ Sue: Yes,

　下降調ではっきり答えています。

⑩ that'd be nice,

　句末原則にしたがっています。ちなみに、nice の長さに注意してください。「ナーイス」です。核は強く、長く、ハッキリと発音されます。なお、that'd は [ðád] に近い発音です（より正確に言うと [ðáʔəd] です。[ʔ] は専門的には声門閉鎖音といい、「ッ」のような音を表わします）。

⑪ if it's not too much trouble.

　句末原則どおりです。降昇調が付いています。この if 節は、⑩の条件を述べています。降昇調を使うことによって、やわらかい響きになります。押しつけがましさを減らしているのです。trouble の前までは、テキパキと発音しています。

⑫ **James: No,** it's

　下降調です。そんなことはないと断定しています。No のあとに句切りはありません。でも、it's の次に小さい句切りが入っています。そこで、このような変則的な音調句を設定しました。

⑬ **no** trouble at all.

　下降調です。残りは低く抑えます。ただ、trouble の [tr] や at の [t] をしっかり出しているので、耳にはそれらの音が残ります。

⑭ Do you take **milk,** │ **sugar?**

　milk と sugar が核です。上昇調です。sugar は、出だしの su- から声が高くなっているようです。ところで、Do you が「ディー」に聞こえます。これは、
　1) Do が弱まり、ほぼ [d] だけになってしまったこと
　2) 現代英語では [u:] が円唇せず、「イー」に近くなることが多い。そのため、
　　you も「イー」のようになること
という、2 つの要因が合わさったためです。

⑮ **Sue:** Do you have any **soya** milk?

　核は soya で下降調です。yes-no 疑問文で soya milk という新情報を伝えています。また soya milk は複合名詞です。そのため、前側 soya が強くなります。なお、soya の発音は「ソヤ」ではなく [sóɪə] です。
　Do you はやはり「ディ」という感じです。BE ではさらにくだけた音形として、[dʒu]（さらにくだけて [dʒə][dʒi] に近くなることも）もよく聞かれます。

6 早口の BE に挑戦！

最難関！？

テーマ & 発音のポイント

　この会話では、①や⑦のように、長めの文であるにもかかわらず、音調句を 1 つにして一気に発音しているものがあります。こういったものは、聞く側からすれば、英文が早口で一気に押し寄せる感じがします。こんな英語でまくしたてられては、私たちはまごつくばかりです。BE では、たたみかけるような英語も普通だと知っておくだけでも、だいぶ気持ちが楽になるはずです。なお、実際の会話であれば、遠慮しないで聞き直しましょう。

読んでみよう

Dominic tells Amy how tired he is.

TRACK
62

Amy: Do you still want to go to the party tonight?

Dominic: I'm not sure I can be bothered, to be honest. It's been a really full-on week, and I'm pretty knackered.

Amy: OK, that's cool. Let's just stay in and get a takeaway then.

ドミニクはエイミーに自分がどれだけ疲れているか伝える
エイミー　やっぱり今夜のパーティに行くつもり？
ドミニク　正直言って、行けるかどうかわからない。1 週間本当に忙しくて、すごく疲れているんだ。
エイミー　うん、行かなくてもいいよ。じゃあ、今日は家に何か買って帰って食べましょう。

実例集 1 会話編

イントネーション

Dominic tells **Amy** | *how* **tired** *he* is.

Amy: ① *Do you* still want *to* go *to the* **party** tonight?

Dominic: ② *I'm* not **sure** | *I can be* **bothered,** | *to be* **honest.** ③ *It's* been *a* **really** | ④ **full**-*on* week, *and* | ⑤ *I'm* pretty **knackered.**

Amy: ⑥ **OK, that's** cool. ⑦ Let's just stay in *and* get *a* **takeaway** then.

解　説

Dominic tells **Amy** | *how* **tired** *he* is.　　`DOWNLOAD2 05 01`

　核は Amy と tired で、下降調です。はっきりした切れ目はありません。前半は句末原則どおりです。後半は、一番大事な tired が核になります。なお、ここでの is は強く読まれます。be 動詞の補語（ここでは how tired）が前に出ると、be 動詞は強く読まれるのです。

① **Amy:** *Do you* still want *to* go *to the* **party** tonight?　`DOWNLOAD2 05 02`

　最後が上がっている yes-no 疑問文です。ただ、単なる上昇調ではなく、降昇調です。Do から the までは平らに発音しています。party で一気に上げて、急降下させていますので、一番耳に残ります。なので、party がこの文で最も伝えたいことだとすぐわかります。そして tonight の語末で上がっています。これで降昇調になるのです。下降調でも問題ないのですが、最後を上げることで、やわらかく響いています。

② **Dominic:** I'm not **sure** | I can't **bothered,** | to be **honest.**

　発音上の切れ目はありませんが、3つの音調句からなります。どれも句末原則にしたがっています。sure では続きを予感させる平坦調ですが、残りはどちらも下降調です。

③ It's been a **really**

　句末原則にしたがっています。

④ **full**-on week, and

　full が伝えたい情報のようです。そこが核で下降します。and で上昇することで、後続する言葉があることを示しています。

⑤ I'm pretty **knackered.**

　素直な下降調です。

⑥ **Amy: OK,**　　that's cool.

　OK も that's cool も、高低2段階で発音されています。高い音から低い音に移るときに、下降調が起きているととらえます。
　なお、この場合の cool は同意を表わすくだけた表現です。

⑦ Let's just stay in and get a **take**away then.

　then は代名詞相当語で核になりません。takeaway が最後の内容語となります。その強勢音節である take- が核です。-way もかなり強く、いったん音程も上がっているようです。

実例集 1　会話編

7 ロンドンのパブで注文をする

テーマ & 発音のポイント

　この会話では、Barman がロンドン訛りで話しています。ロンドン訛りというのは、いわゆるコックニー（Cockney）です。ただ、Cockney という場合、訛り（発音）ばかりでなく、言葉遣い（語彙・文法）までも含みます。この録音の Barman の英語は、発音だけロンドン風です。それでもかなり手ごわいはずです。なにしろアメリカ人すら聞き取れないのです。本場ロンドンで英語が聞き取れなくても、あまり落ち込まなくてもいいんです。

読んでみよう

Amanda orders some drinks and crisps in a pub. TRACK 63

Barman: What can I get you, love?

Amanda: Um, a pint of lager, a spritzer and two packets of salt and vinegar crisps, please.

Barman: I'm afraid we're all out of salt and vinegar.... We've got ready salted, or cheese and onion.

Amanda: Urm, one packet of ready salted, and one cheese and onion would be great, thanks.

アマンダはパブで飲み物とポテトチップスを注文する

店員　お嬢さん、何にしますか？

アマンダ　えーと、ラガー 1 パイントとスプリッツァー、ポテトチップスのソルトアンドビネガー 2 袋、お願いします。

店員　あいにく、ソルトアンドビネガーは切らしてましてね…。塩味とチーズアンドオニオンならありますよ。

アマンダ　ええと、塩味 1 袋と、チーズアンドオニオン 1 袋、お願いします。

イントネーション　　TRACK 63

Amanda orders *some* drinks *and* crisps *in a* **pub.**

Barman: ① Wha(t) *can I* **ge**(t) *you,* | **love?**

Amanda: ② Um, | *a* **pint** *of* lager, | *a* **spritzer** ③ *and* two packets *of* salt *and* vinegar **crisps,** please.

Barman: ④ *I'm* afrai(d) *we're* all **ou**(t) ⑤ *of* sal(t) *and* **vinegar**.... ⑥ *We've* **go**(t) ready salted, ⑦ or cheese *and* **onion.**

Amanda: ⑧ Urm, ⑨ one packet *of* ready **salted,** ⑩ and one cheese *and* onion *would be* **great,** thanks.

解　説

Amanda orders *some* drinks *and* crisps *in a* **pub.**

DOWNLOAD2 05 07

　タイトルは 1 音調句で発音されています。句末原則にしたがって、pub に下降調のトーンが付いています。出だしの Amanda は高く発音されています。BE ではこのように出だしが高いことが非常に多いのです。BE らしいイントネーションの特徴の 1 つです。

① **Barman:** Wha(t) *can* **ge**(t) *you,* | **love?**　　**DOWNLOAD2 05 08**

　you は代名詞なので核は get です。下降調です。また呼びかけの love は控えめな下降調です。ところで、ロンドン訛りの特徴の 1 つは、語中や語末の [t] が聞こえなくなることです。この聞こえない [t] を、(t) と表記しておきます。

ここでは What と get にあらわれています。(t) は正確には「声門閉鎖音」といいます。発音記号は [ʔ] です。「ッ」の感じです。[t] はもっとも出現頻度の高い子音なので、[t] が聞こえないと予想以上に理解がむずかしくなります。

なお、love は BE でよく使われる呼びかけの言葉です。女性や子供、若い人に対してよく使われます。「愛」といった重い意味はありません。

② **Amanda:** Um, | ₐ pint ₒf lager, | ₐ spritzer

Um は平坦調です。a pint of lager は pint で高く平らで、そこから下がって -ger で上がっています。次に続くことを示しています。この音調句は一種の分離降昇調を構成していると考えられます。

spritzer は下降調です。おそらく、お酒の注文はここまで、ということを表わしているのでしょう。

③ ₐₙₐ two packets ₒf salt ₐₙₐ vinegar crisps, please.

BE らしい、一気にたたみかけるような発音です。核は crisps です。please は情報量はほとんどないので、尾部として低く平らに発音されているのみです。two packets of と salt and vinegar は crisps を修飾する表現です。いわばどちらも形容詞として、crisps にくっついているのです。なので、crisps が核なのです。ちなみに、salt and vinegar はイギリスのポテトチップスではごく一般的な味です。

④ **Barman:** I'm afrai(d) we're all ou (t)

句末原則どおり out が核です。ただ、語末の [t] が聞こえません。ところで、afraid の強勢母音 [eɪ] が、[aɪ] に近くなっています。これはロンドン訛りの代表的特徴の1つです。ここでは控えめな形で発生しています。また、afraid の語末の [d] は、[t] 同様聞こえません。

⑤ ₒf sal(t) ₐₙₐ vinegar....

句末原則どおり vinegar に核があります。ただ、下降調ではなく、降昇調です。降昇調は「しかし」という文脈でよく使われます。ここでも、「ソルトアンドビネガーはないけれど」と言おうとしているため、降昇調が使われています。of が非常に弱まり、salt の [t] が聞こえなくなっています。その結果、⑤は「ソウンヴィネガ」のように聞こえます。

⑥ We've **go**(t) ready salted, DOWNLOAD2 05 11

got が核で下降しています。have got は BE でよく使われる「持っている」という表現です。前の文を受けて「今あるのは…」という意味で使われています。その代表例として、ready salted（塩味）を挙げています。ほかの例を続けるため、salted でわずかに上昇しています。結局、ここは分離降昇調です。ちなみに、got の [t] は [ʔ] になっていて、聞こえません。でも salted の [t] は、[ʔ] になりきれず、[d] くらいの感じで残っています。

⑦ or cheese *and* **onion**.

素直な句末原則です。onion が核で、下降調です。ちなみに、cheese and onion もポテトチップスの味の種類です。また onion の発音は「オニオン」ではなく [ʌnjən] です。

⑧ **Amanda**: Urm, DOWNLOAD2 05 12

Urm は言いよどみで、平坦調です。

⑨ one packet *of* ready **salted**,

句末原則どおり salted が核です。出だしが平らなタイプの降昇調です。続きがあることを示唆しています。

⑩ and one cheese *and* onion *would be* **great**, thanks.

核は great です。下降調です。thanks を尾部として軽く付け加えています。

8 予定を聞く

テーマ & 発音のポイント

この会話には、下降調をともなう典型的な句末原則がいくつもあらわれています。また、わかりやすい分離降昇調も 2 回あらわれています。イントネーションは全体的に素直で、わかりやすいものになっています。

Mr. Birch is asked to volunteer.

Teacher: Oh Mr. Birch, I was hoping to run into you. We still need some more volunteers to help with the school fete next Saturday. I don't suppose you're free, are you?

Mr. Birch: Saturday the sixteenth? I don't think I've got anything on.

Teacher: Brilliant. I'll contact you with the details later.

バーチ氏がボランティアを頼まれる

教師 ああ、バーチさん、お会いしたいと思っていました。土曜日の学校の慈善パーティを手伝ってくれるボランティアがもう何人か必要なのです。ひょっとして何も予定が入っていないということはないですか？

バーチ氏 16 日の土曜日ですね。なにもなかったと思いますよ。

教師 すばらしい！ 詳しいことはのちほどお知らせします。

イントネーション

Mr. Birch | *is* asked *to* **volunteer**.

TRACK 64

Teacher: ①Oh | Mr. Birch, ②I *was* **hoping** *to* run *into* you. ③*We* still need *some* more volunteers *to* help *with the* school **fête** ④next **Saturday**. ⑤I don't suppose *you're* **free**, are you?

Mr. Birch: ⑥Saturday *the* **sixteenth**? ⑦I don't think I've got anything **on**.

Teacher: ⑧**Brilliant**. ⑨I'll contact *you with the* **details** | later.

解　説

Mr. Birch | *is* asked *to* **volunteer**.　　DOWNLOAD2 05 13

　新情報である Birch で一度下降調が使われています。主部だけで音調句を構成しているので、述部でもう一度、音調句を作っています。句末原則どおり volunteer が核で、下降調です。

① **Teacher: Oh** | Mr. **Birch**,　　DOWNLOAD2 05 14

　ともに下降調です。ただ、Oh は驚きを表現しているので、声が高くなっています。

② I *was* **hoping** *to* run *into* **you**.

　hoping が核で、下降調です。ここでは「望んでいた」が新情報なのです。

実例集 1　会話編

into you は機能語ですが「他でもないあなたに（会いたいと思っていた）」という気持ちから、you を軽く際立たせています。また、上昇させることで、親しみを表現しているとも考えられます。

③ We still need some more volunteers to help with the school fete　　DOWNLOAD2 05 15

　長い１つの音調句ですが、典型的な句末原則です。最後に声を高めて fete で急降下させています。このくらい長い文を一気に発音されると、聴き取りに苦労します。また、発音するという点からも、これだけの長さを一気に発音して、しかも最後で、声を高く上げて、強く下降させるのは、容易ではありません。

④ next Saturday.

　句末原則です。時間の情報も大事なので、もう一度、下降調を使うことで、新情報としてしっかり伝えています。ただ、fete ほどの強い下降調ではありません。

⑤ I don't suppose you're free, are you?　　DOWNLOAD2 05 16

　free が核で、下降調です。are you は付加疑問です。上昇しています。付加疑問は別の音調句と考えてもいいのですが、ここでは free から切れ目なくつながって、分離降昇調を構成しているとみなします。

⑥ Mr. Birch: Saturday the sixteenth?　　DOWNLOAD2 05 17

　句末原則どおりです。下降調ですが、低くまで下がっていません。そのため、自信のない感じが伝わってきます。

⑦ I don't think I've got anything on.　　DOWNLOAD2 05 18

　句末原則どおりです。on は副詞ですので、核になれます。なお、get 〜 on は「身につける」という意味ですが、特に nothing, not anything と結びつ

くと「何の約束もない」という意味になります。

⑧ Teacher: Brilliant.　　　　　　DOWNLOAD2 05 19

下降調です。なお、brilliant は BE では非常によく使われるほめ言葉です。

⑨ I'll contact you with the details │ later.　　　DOWNLOAD2 05 20

　detail と later で、下降調が使われています。2つの音調句に分けているのは、どちらも大事な情報だからです。

　detail の強勢は、détail と detáil の両方が辞書に載っていますが、英米ともに、前に強勢を置く音形のほうが多いようです。ここでも détail と読まれています。

実例集 1 会話編

Nadia's Column　イギリス英語をもっと知りたい！①

答えと訳

1. uni → university（いつ大学から戻ったの？）
2. sarnie → sandwich（サンドイッチでは何が好き？）
3. ciggies → cigarettes（たばこはやめたんだ）
4. willies → wellington boots（私の長靴、見なかった？）
5. nightie → nightdress（寝間着が見つからない！）
6. biccies → biscuits（どうぞビスケットをお取りください）
7. brickie → bricklayer（あの人は煉瓦職人よ）
8. budgie → budgerigar（なんて美しいインコなの！）
9. chippie → chip shop（家に戻る時にチップショップ［フィッシュアンドチップスを売る店］に立ち寄れる？）
　※ また、chippie は carpenter（大工）の意味でも使われる。
10. cuppa → cup of tea（お茶飲む？）

英語らしい発音の秘訣

長い文を一気に読む

テーマ & 発音のポイント

　ここで注目したいのは、切れ目のない長い文の読み方です。まずタイトルの一文。この文はかなりの長さです。でも、一気に読まれています。強勢のある部分はかなりの強さです。これだけの長さの文を、それなりのリズム感と語気を持って読まないといけません。さらに後半で、かなりの高低差も付けないといけません。この文や、①～③、⑦～⑨のような文を BE らしく発音するには、かなりのエネルギーが必要です。

　日本語は文の終わりに近づくほど、声が弱く低く音程差も小さくなります。英語とは対照的です。日本人が英語らしい発音をするためには、こういった違いも考慮しないといけないのです。

読んでみよう

Sophie tells her husband that she is too sick to go out.

Alex: Are you sure you don't mind my going to the gig without you?

Sophie: No, I just feel terrible. I want to stay in bed.

Alex: But are you sure you'll be all right by yourself?

Sophie: Don't worry, I'll manage. You go and have a good time.

ソフィーは夫に、具合が悪いので出かけられないと伝える
アレックス　本当に君を置いてライブに行ってもいいのかい。
ソフィー　ええ、気分が悪いの。寝てるわ。
アレックス　でも本当に君だけで大丈夫なのかい。
ソフィー　気にしないで、なんとかするわ。楽しんでらっしゃいよ。

イントネーション

TRACK
65

Sophie tells _her_ **husband** _that_ **she is too sick** _to_ **go out.**

Alex: ①Are you **sure** ②_you_ don't mind _my_ going _to the_ **gig** ③with**out** you?

Sophie: ④**No,** ⑤I just feel **terrible.** ⑥I want _to_ stay _in_ **bed.**

Alex: ⑦_But_(_t_) are _you_ **sure** ⑧_you'll be_ all **right** | ⑨by your**self**?

Sophie: ⑩**Don't** worry, ⑪**I'll** manage. ⑫**You** go ⑬_and_ have _a_ **good** time.

解　説

Sophie tells _her_ **husband** _that_ **she is too sick** _to_ **go out.**

DOWNLOAD2 05 21

　タイトルの文の核は go です。too が高く際立つように発音されています。でも、この文は一気に最後まで発音されているので、この文全体を 1 音調句として扱います。

① **Alex:** Are you **sure**

DOWNLOAD2 05 22

　句末原則どおりで、下降調です。sure のあとに音声上の切れ目はありませんが、明らかな下降があるので、sure までを 1 つの音調句とみなします。

② _you_ don't mind _my_ going _to the_ **gig**

句末原則どおりです。gig は平坦調です。gig のうしろに音声上の切れ目はありません。ただ、トーンとみなせる音程の変化（ここは平坦調ですが）に加え、意味の句切れがあることから、gig までで音調句を構成しているとみなします。

③ without you?

without が核です。ここははっきりした下降調です。[前置詞＋代名詞] という機能語だけの音調句では、前置詞が核になります。代名詞は単なる繰り返しの情報です。それに比べると、前置詞は、その前置詞自体の意味を持っています。その分、情報量が多いため、核となるのです。ちなみに、①〜③は音声上の切れ目はありません。核は 3 つあるものの、長い 1 文として発音されています。

④ Sophie: No,

平坦調で、断定を避け、ためらいを表わしています。No のあとに音声上の切れ目はありません。具合が悪いわけですから、不安を抱えているわけです。その気持ちが平坦調にあらわれています。

なお、No というのは、No, I don't mind your going to the gig.（「どうぞ、出かけて」）ということです。

⑤ I just feel terrible.

素直な句末原則です。具合が悪いことは断定できるので、下降調です。

⑥ I want to stay in bed.

これも素直な句末原則です。

⑦ Alex: Bu(t) are you sure

⑧ you'll be all right

⑨ by yourself？

　⑦〜⑨も音声上の切れ目はありません。ただ、sure, right, yourself の 3 語が下降調で、はっきり耳に残るはずです。そして、非常にリズミカルに感じられると思います。

　⑦の But の [t] が落ちています。そのため、But are you が「バアユ」のように聞こえます。

⑩ Sophie: Don't worry,

　核は Don't で、下降調ではっきり伝えています。このままではきつい響きになるので worry で上昇させて、響きを和らげています。全体では分離降昇調です。

　⑩〜⑬には、夫 Alex に対する命令形の表現が並んでいます。だからこそ、やわらかに響くように上昇を句末に織り交ぜることが必要なのです。

⑪ I'll manage.

　I'll が核です。下降調です。次の You go と対比させて「私は大丈夫。あなたは出かけて」と言っています。最後を上昇させることで、⑩同様、響きを和らげています。また、続く言葉があることも示しています。

⑫ You go

　I'll との対比で You が核になっています。You で始めていますが、これも命令形です。

⑬ and have a good time.

　句末原則どおり time に核を置くと、普通のあいさつになってしまいます。ここでは特別な意味を伝えるため、句末原則を破って、good を核にしたと思われます。「ライブでは、私のことを心配するような時間の使い方はせず、音楽を楽しむのに集中してね」という気持ちを表現しているのでしょう。

10

電話での会話

今話せる？

テーマ & 発音のポイント

　イギリス英語の発音の特徴がよくあらわれた、電話での会話です。⑤で使われている actually は BE では不可欠の副詞です。BE らしく降昇調です。⑥の疑問文が下降調なのも BE らしさです。また、⑨のテキパキした速さも BE らしい読み方です。

読んでみよう

Peter is too busy to talk to his fiancé, Fiona.

TRACK 66

Peter: Hello.

Fiona: Hi, Peter. Can you talk right now?

Peter: Well, I'm right in the middle of something, actually. Can I call you back a bit later?

Fiona: Yeah, 'course you can. Um... I just wanted to talk to you about something to do with the wedding.

ピーターはとても忙しくて、婚約者のフィオーナと話すことができない
ピーター　もしもし。
フィオーナ　もしもし、ピーター。今話せる？
ピーター　えーと、今ちょうど手が離せないんだ。少ししてからかけ直してもいいかな。
フィオーナ　ええ、もちろん。その…結婚式のことについて、あなたと話がしたかったの。

114

イントネーション

Peter *is* too busy *to* talk *to his* **fiancé**, | **Fiona.**

Peter: ①Hello.

Fiona: ②Hi, Peter. ③*Can you* talk right now?

Peter: ④Well, ⑤*I'm* right *in the* **middle** *of* something, | actually. ⑥Can I call *you* back | *a* bit later?

Fiona: ⑦Yeah, | 'course *you* can. ⑧Um... ⑨*I* just wanted *to* talk *to you* about something *to* do *with the* wedding.

解説

Peter *is* too busy *to* talk *to his* **fiancé,** | **Fiona.** `DOWNLOAD2 05 28`

タイトルは fiancé と Fiona がともに下降調になっています。両者は同格の関係です。同格は、このように同じトーンを使います。

① Peter: Hello. `DOWNLOAD2 05 29`

あいさつで使われるHelloのトーンです。音程の変化があらわれているのは、強勢音節の -llo の部分です。すばやい降昇調があらわれています。単なる上昇調ではなく、降昇調を使っているのが、BE流でしょう。

② Fiona: Hi, Peter. `DOWNLOAD2 05 30`

Hi でかなり高いところから下降しています。

実例集1　会話編

③ Can you talk right **now**?

DOWNLOAD2 05 31

　now が核です。yes-no 疑問文でありながら、BE ではめずらしく典型的な上昇調になっています。ただ、AE とまったく同じではありません。AE だと、Can から坂を上っていくように上昇していきます。でも、BE ではこのように、核の前まで平坦にテキパキ読んで、最後だけパッと上げるのです。

　なお、Can you の発音をよく聞くと、決して「キャンユー」などではありません。「キャニ」です。can が弱く短い上に、you が「イー」に近くなっているためです。you が「イー」に近い発音になるのは、現代英語ではよくあることです。

④ Peter: **Well,**

DOWNLOAD2 05 32

　言いよどみですので、平坦調です。

⑤ I'm right in the **middle** of something, | **actually**.

　核は middle と actually です。音声上の句切れはありませんが、意味の切れ目である something と actually の間で句切ります。最初の音調句では、middle が際立ちます。ここが核で、下降調です。of something はあまり情報量がないので、尾部です。

　actually は、独立した文修飾の副詞として降昇調が付いています。ただ、-ly での上昇は極めて小さく、下降調のようにも聞こえます。

⑥ Can I call you **back** | a bit **later**?

DOWNLOAD2 05 33

　back と later が核です。ともに下降調です。下降調で文が終わっているため、出だしの Can I からしっかり聞いておかないと、疑問文であるかどうかわかりません。

⑦ Fiona: **Yeah,** | 'course you **can**.

DOWNLOAD2 05 34

　Yeahは、はっきり肯定的な答えを感じさせる下降調です。⑦はYes（Yeah），you can. が骨組みです。それに 'course（of course のくだけた形）が挿入されています。can のあとは、can 以降の述部が省略されているので、強く読まれます。can が後半の核です。

⑧ Um...

DOWNLOAD2 05 35

　言いよどみです。平坦調です。

⑨ I just wanted to talk to you about something to do with the wedding.

　本書で何度もご紹介したおなじみの文です。句末原則どおりで下降調です。なお、この文は、長いにもかかわらず、テキパキとまくしたてるように読まれています。

　ちなみに、to you は to の母音が消えるほど弱まり、ほぼ「チュ」になっています。AE にはない音変化です。

11 句末原則の例外 1
髪を切ったの

テーマ & 発音のポイント

　ここでは、句末原則の例外の 1 つとして、[have ＋目的語＋過去分詞] 構文の読み方が登場します。実は、この構文は素直に句末原則を当てはめてしまうと意味が変わってしまうのです。「ダウンロードファイル1」の音声で実際の発音を確認しながら、核の位置に注意して発音しましょう。

Tricia is not sure about her new haircut.

TRACK 67

Patrick: Have you had your hair cut?

Tricia: Yeah. I had it done this morning. But I'm not sure about it. Do you think it's a bit short?

Patrick: No, I think it looks alright. It really suits you.

Tricia: Thanks.

トリシアは新しい髪型に自信がない
パトリック　髪切ったの？
トリシア　ええ。今朝やってもらったんだけど、どうかな。ちょっと切りすぎちゃったかも。
パトリック　いや、いいと思うよ。よく似合ってる。
トリシア　ありがとう。

イントネーション

TRACK
67

Tricia ᵢₛ not sure about ₕₑᵣ new **haircut.**

Patrick: ① Have _you_ had _your_ **hair** cut?

Tricia: ② **Yeah.** ③ I had ₐ done this **morning.** ④ ₆ᵤₜ ₗ'ₘ not **sure** about ᵢₜ. ⑤ ₐₒ ᵧₒᵤ think ᵢₜ'ₛ ₐ bit **short?**

Patrick: ⑥ **No,** ⑦ I think ᵢₜ looks **alright.** ⑧ ᵢₜ really **suits** you.

Tricia: ⑨ **Thanks.**

解　説

Tricia ᵢₛ not sure about ₕₑᵣ new **haircut.**　DOWNLOAD2 05 36

　核は haircut です。下降調です。haircut は [hair + cut] の複合名詞が 1 語になったものです。前側の hair- が強くなります。

　この文はやたらと「シュシュ」という音が聞こえる印象がありませんか。Tricia と sure の影響です。特に Tricia では -c- ばかりでなく、Tr- も影響しています。[tr] は一気に発音するので「チュ」のように聞こえるためです。AE では、[tr] をそこまで速く強く発音しません。そのため、[tr] が「チュ」と響くことは、それほど多くないでしょう。

① **Patrick:** Have _you_ had _your_ **hair** cut?　DOWNLOAD2 05 37

　核は hair です。yes-no 疑問文ですが、もはやおなじみの下降調です。ところで、上のタイトル文の説明で haircut は複合名詞で、前側の hair- が強く

なると述べました。その意味で、①の核は hair で、句末原則が適用されているように見えます。しかし、①の hair と cut は別々の単語です。実は①は、句末原則が当てはまっていないのです。

　この①は、[have ＋目的語（hair）＋過去分詞（cut）] の構造なのです。この構文を「〜してもらう」という意味で使う場合、過去分詞ではなく、目的語を強く発音します（ちなみに、「〜されてしまう」という意味では、過去分詞のほうが強く発音されます）。こういうわけで、①では hair が核となるのです。

② Tricia: Yeah.　　　　　　　　　　DOWNLOAD2 05 38

はっきりした答えですので下降調です。

③ I had it done this morning.

　morning が核です。通常、here, there, then などの時と場所を表わす代名詞相当語は核になりません（p. 31 参照）。today やこの this morning もそうです。ただ、ここでは、いつ髪を切ったか伝えたいので、this morning が核になります。句末原則が当てはまり、morning が核となります。新情報を伝えるので、下降調です。

　ところで、上の①で、[have ＋目的語＋過去分詞] では目的語を強く発音する、と述べました。でも、この had it done では、目的語が it なので強く読めず、done のほうが強くなります。

④ But I'm not sure about it.　　　　DOWNLOAD2 05 39

　核は sure です。うしろの about it はいずれも機能語なので、核になりません。ちなみに、but は極めて弱く、ほとんど聞こえないくらいです。but は接続詞、つまり機能語です。特別に強調したい意図がなければ、弱くていいのです。

⑤ Do you think it's a bit short?　DOWNLOAD2 05 40

　句末原則どおりです。あまり長い文ではないし、単語も簡単ですが、下降調を伴うこのテキパキ感、スピード感は日本人学習者にはかなり手ごわいでしょう。ちなみに、出だしの Do you は素早い [djʊ] です。日本人が発音するような、間延びした「ドゥーユー」からは程遠い音形です。

⑥ **Patrick: No,**　DOWNLOAD2 05 41

　No は降昇調です。ただ、最後の上昇の部分が小さく、下降調と言ってもいいくらいです。

⑦ I think it looks alright.

　⑦は句末原則どおりです。

⑧ It really suits you.　DOWNLOAD2 05 42

　⑧は suits が核で下降調です。you は機能語ですので、核になりません。

⑨ **Tricia: Thanks.**　DOWNLOAD2 05 43

　下降調です。声が裏返るほどの高さから、勢いよく下降しています。これだけの音程の幅が使われると、よっぽど嬉しいのだろうと容易に想像できます。日本人は英語を話す際、日本語同様の音域を使います。これは英語では狭すぎるのです。とくに BE では、この例のような高い音域をよく使います。それだけに、大げさなくらい音域を広く使うようにしたいものです。

12 句末原則の例外 2
BE 発音のクセ

テーマ & 発音のポイント

　ほとんどのトーンが下降調です。その意味では、単純なイントネーションです。でも、句末原則の例外がいくつもあらわれています。①④⑧⑩⑪⑫などがそうです。とくに⑩と⑪は、文脈上の理由から核の位置がずれる例です。意味を考えながら発音しましょう。

Joshua is looking for a flat.

Angela: Have you had any luck finding a flat yet?

Joshua: No, but I got the number of a really good estate agent, from whats-his-name – that bloke who works in the accounts department.

Angela: You mean Derek?

Joshua: That's him. He said he found his flat through them.

ジョシュアは部屋を探している
アンジェラ　部屋はうまいこと見つかった？
ジョシュア　いや。でもすごくいい不動産屋の電話番号は聞いたよ。何ていったか、経理部の人に。
アンジェラ　デリクのこと？
ジョシュア　そう、彼。あの人はその不動産屋で部屋を見つけたって言ってたんだ。

イントネーション

TRACK 68

Joshua | is looking for a **flat**.

Angela: ①Have you had any luck finding a **flat** yet?

Joshua: ② No, ③but I got the **number** of a ④really good estate agent, ⑤from ⑥whats-**his**-name – ⑦that **bloke** ⑧who works in the **accounts** department.

Angela: ⑨You mean **Derek**?

Joshua: ⑩ That's him. ⑪He said he found **his** flat ⑫through them.

解　説

Joshua | is looking for a **flat**.　　DOWNLOAD2 05 44

　タイトルは、音声上の句切れはありません。ただ、下降調が 2 つあるので、主語の Joshua と flat の 2 つの核があると考えます。Joshua は新出の名前ですから、ここをはっきり言うため下降調を使っているのです。flat は句末原則に素直にしたがった例です。

　ところで、Joshua[dʒɒʃuə] のあと、ありもしない [r] があらわれて、is と結びついています。これは、発音の習慣によるものです。BE は通常、語末などの -r は発音しません。たとえば number は [nʌmbə] です。ただ、実はあとに母音で始まる単語が続くと、間に [r] があらわれます。③の number of で、非常に弱くですが、そんな [r] があらわれています。こういった発音の習慣があるため、[ə] で終わる単語の次に母音で始まる単語が来ると、スペリングに r がなくても、間につい [r] を入れてしまうのです。

実例集 1　会話編

① **Angela**: Have _you_ had _any_ luck finding _a_ **flat** yet?

　核は flat です。yes-no 疑問文ですが、おなじみの下降調です。yet は、副詞ですが役割として機能語に近いので、核になっていません。
　ところで、この文は、わかりやすく Have you found a flat yet? と言わず、やや持って回った言い方をしています。このあたりも BE らしさを感じさせます。しかも、畳みかけるように素早く発音しています。単語はむずかしくないものの、私たちとしてはまごついてしまうような言い方です。唯一の救いは、核である flat が、かなり強く発音されていることです。ただ、yet と結びついて、「フラーッチェト」となってしまっていますが…。

② **Joshua**: No,

　下降調です。ただ、ゆるやかに下降させています。こうすることで穏やかに聞こえます。

③ _but I_ got _the_ **number** _of a_

　核は number です。③と④はほぼつながっています。ただ、number でいったん下降して、of a が尾部としてつながっています。really の前でわずかな切れ目があるようにも聞こえますし、really で少し声が高くなっていますので、of a までで 1 音調句とみなします。

④ really good **estate** agent,

　estate が核です。下降調です。estate agent は複合名詞ですので、前側の estate が強くなります。

⑤ **from**

　言いよどんでいるため、平坦調です。前の agent から切れ目なくつながっていますが、意味から考えると、from の前でいったん句切れています。

⑥ whats-his-name –

　ここでは -his- のところに強勢があります。そこでいったん高くなって、下降しています。通常の発音は [wɒ́tsɪzneɪm] です。強勢は第 1 音節にあります。ちなみに、BE では、wh- は [w] と発音します。AE では [hw] です。

⑦ that bloke

　句末原則どおりです。新情報なので下降調です。次の関係節との間には、ほとんど切れ目はありませんが bloke で下降調の核があるので、一応、音調句を句切っておきます。ちなみに、bloke は BE らしい表現です。AE なら guy でしょう。

⑧ who works in the accounts department.

　核は accounts で下降調です。accounts department は複合名詞です。なので前側の accounts が強くなります。

⑨ Angela: You mean Derek?

　句末原則どおりです。下降調です。しかも、文法的な形は平叙文です。なのに働きは yes-no 疑問文です。表面上は疑問文とわからないですね。BE では、yes-no 疑問文なのか平叙文なのかは、文脈の影響力が大きいと言えそうです。

⑩ Joshua: That's him.

　That's が核です。him は代名詞で、すぐ前に出てきた Derek のことです。ここでは情報価値がありません。一方、That は指示代名詞で、it より意味が強い代名詞です。なので強く発音されます。

⑪ He said he found his flat

⑫ through *them.*

⑪と⑫は音声上、句切りはありません。でも、his と through で下降していますので、2つに分けて考えます。⑪では、通常は核にならない機能語の his が核になっています。「いろいろなアパートがある中で、ほかでもない自分の（アパートを見つけた）」ということで、his が新情報なのです。同時に「彼らを通じて（見つけた）」ということもはっきり言いたいのです。そのために、もう一度⑫で下降調をかぶせています。

ところで、through も them も機能語です。[前置詞＋代名詞] の組み合わせの場合、前置詞は、「手段」だとか「理由」だとかの情報を伝えています。一方、代名詞は繰り返しの情報にすぎません。それゆえ、情報量が多い前置詞が核になるのです。

Nadia's Column　イギリス英語をもっと知りたい！②

オーブンのなかに丸パンがあると子供が生まれる？

イギリス英語の特徴の一つに、婉曲表現（euphemism）がたくさん使われることがあります。これはイギリス人が礼儀正しく、慎み深いからだと言う人もいるのですが、本当のところはわかりません。

ただ、確かに次のような言い方をイギリス人はよくします。

a. **Uncle Joe** passed away peacefully in his sleep. （ジョーおじさんは静かに眠りについた）

b. **I just need to visit to** the ladies. （ちょっとお手洗いに行ってくるわ）

a は「ジョーおじさんが静かに眠りについた」（passed away peacefully in his sleep）ということですので、「**安らかに息を引き取った**」ということです。

b の the ladies（女性たち）は、「**女性用トイレ**」のことです。男性用トイレは、the gents です。

こうしたイギリスの婉曲表現をみなさんはどれだけご存じでしょうか？　以下の言い方を考えてください（上の a と b の例文と下の例文の音声は「ダウンロードファイル 1」に入っていますので、ご確認ください）。答えと訳は 131 ページに記しました。

1. **I just need to** spend a penny.
2. **He is doing a term** at her Majesty's pleasure.
3. **I heard she** has a bun in the oven.
4. **He's just about ready to** kick the bucket.
5. **He's somewhat** light-fingered.
6. **It fell off the back** of a lorry.
7. **He** made an honest woman of her.

126

13 高低差に富むイントネーション
電話での会話

テーマ ＆ 発音のポイント

　会話編の最後は、まとめにふさわしい、さまざまなイントネーション
があらわれる例です。定番の、下降調の yes-no 疑問文（⑧）、降昇調
（⑤）、分離降昇調（②④）はもちろんのこと、高い出だしから下がるイ
ントネーションもあらわれています（①⑥⑩）。高低差に富み、声が華
やかに上下する、BE らしいイントネーションを味わいましょう。

Lucy calls her best friend's house.

Lucy: Hello, is Saskia there, please?

Cal: I'm sorry, she's not in right now.

Lucy: Do you have any idea what time she'll be home?

Cal: No, sorry, I have absolutely no idea. Would you like to
leave a message?

Lucy: No, that's OK. I'll try her mobile.

ルーシーは親友の家に電話をかける
ルーシー　もしもし、サスキアさんとお話ししたいのですが。
カル　すみませんが、今いないんですよ。
ルーシー　何時ごろなら家にいるかわかりますか。
カル　いえ、あいにくですが、私もまったくわかりません。伝言を残されますか。
ルーシー　いえ、大丈夫です。携帯にかけてみます。

Lucy calls *her* best **friend's** house.

Lucy: ①Hello, ②*is* Saskia *there*, please?

Cal: ③*I'm* sorry, ④*she's* not in right now.

Lucy: ⑤*Do you* have *any* idea what time *she'll be* home?

Cal: ⑥No, | sorry, ⑦*I have* absolutely no idea. ⑧*Would you* like *to* leave *a* message?

Lucy: ⑨No, ⑩that's OK, ⑪*I'll* try *her* mobile.

解　説

Lucy calls *her* best **friend's** house.

DOWNLOAD2 05 50

　タイトルの文では、house でなく friend's が核です。でも、なぜ句末ではない friend's が house を差し置いて、核になっているんでしょうか。

　house を核にしないのは、house に情報量がない（少ない）からです。実は、所有格のあとの場所や建物を示す表現は省略可能です。I am staying at my aunt's. といえば aunt's は aunt's house という意味です。これは BE でよく使われる用法です。というわけで、このタイトルの her best friend's house は、her best friend's でもいいくらいなのです。house には情報量がないからこそ、friend's が核となります。

① Lucy: Hello,

DOWNLOAD2 05 51

Hello は高低 2 段階で言っています。玄関のチャイム「ピンポーン」の感じに近い音程です。

② *is* Saskia *there,* please?

Saskia の Sas- が高くて、そのあとに低くなっています。そして please で上昇しています。分離降昇調です。この文では、Saskia 以外に情報量のある内容語はありません。there は代名詞相当語ですし、please も何かに付随して使われます。出だしの Saskia が核とならざるをえないのです。

③ Cal: *I'm* sorry, DOWNLOAD2 05 52

句末原則どおりです。発音上は sorry のあとは切れ目なくつながっています。ただ、下降調があらわれていますので、ここで 1 音調句とみなします。

④ *she's* not in right now.

in が核です。下降調です。ただ、now が上昇し、全体としては分離降昇調です。仮に she's not in までを 1 つの音調句と考えると、核は句末原則どおり in です（否定文でも句末原則は当てはまります）。なお、この in は「在宅して」という意味の副詞です。そこに、おまけの情報として right now を付けて、ひと息で発音しているという状況です。

right now は尾部なので、低く発音して終わらせることも可能です。でも、それでは情報を伝えるだけで、ぶっきらぼうです。相手は娘の友達だし、やわらかく表現しよう、と Cal は感じているはずです。そこで、now を上昇させるのです。いわば、「娘はいません」という言い切りではなく、「娘はいませんけど…」と表現しているということです。

⑤ Lucy: *Do you* have *any* idea what time *she'll be* home?
DOWNLOAD2 05 53

句末原則どおり home が核です。降昇調です。yes-no 疑問文ですので、おなじみの下降調でもいいのですが、最後を上げることでやわらかく響きます。

筆者の印象では、女性はかなりの頻度で降昇調を使っているようです。ところで、home の前までは、テキパキした英語がほぼ平らな感じで続きます。ただ、home は、声はいったんかなり高く上がってはいますが、かなりゆっくりです。核であることに加え、降昇調は音程が上下動しないといけないので、ゆっくりにならざるをえないのです。

⑥ **Cal: No, | sorry,**

　no は平坦調です。下降調ではないことで、断定を避けていることがわかります。no と言うことが残念で、ためらっている気持ちがあらわれています。次の sorry は下降調です。ここで、実際に残念だと表明しているのです。

⑦ *I have* absolutely no **idea.**

　句末原則どおりです。この文は yes-no 疑問文ですが、BE ではおなじみの下降調です。ただ、音程差の少ない控えめな下降調です。ところで、I have は、言っているような間はありますが、聞こえません。また、absolutely はかなり簡略化された発音になっています。[æbsəli] といった感じです（p.7 参照）。

⑧ *Would you* like *to* leave *a* **message?**

　句末原則通りです。yes-no 疑問文ですが、BE ではおなじみの下降調です。

⑨ **Lucy: No,**

　no は平坦調です。下降は断定です。ここは断定を避けているようです。

⑩ that's OK,

　出だしは高く、O- で少し下がり、核（OK の -K）で下降しています。ちなみに、アルファベットを並べた略語は、基本的に最後の文字が強くなります。

⑪ I'll try *her* mobile.

DOWNLOAD2 05 57

句末原則どおりです。下降調です。I'll try her まで高いままです。mobile で下降します。I'll はほとんど「ア」ぐらいにしか聞こえないほど弱まっています。

なお、mobile のような単語末の -ile は、BE では [aɪl] と読みますが、AE では [(ə)l] です。

Nadia's Column　イギリス英語をもっと知りたい！②

答えと訳

---

1. spend a penny は、「**トイレに行く、用を足す**」の意味で使われます。硬貨を使う、有料公衆便所から生まれた表現と言われます。

2. her Majesty は「女王陛下」ですが at her Majesty's pleasure は「御意にかなう間」で「**英国の刑務所に収容されて**」「（刑が）**無期で**」という意味です。よって、do a term at her Majesty's pleasure（御意にかなう間の刑期［term］についている）で「**終身刑に服している**」となります。be detained at[during] her Majesty's pleasure（終身刑に処せられている）もよく使われます。

3. bun はイギリス英語では「甘い丸パン」あるいは「ケーキ」です。「オーブンのなかに丸パンがある」(have a bun in the oven) は「**お腹に子供がいる**」の婉曲表現です。「プディングがお腹の中にある」(have a pudding in the oven) と言っても同じです。

4. kick the bucket（バケツを蹴っとばす）で、「**死ぬ**」を意味します。首つり自殺をする際、乗っているバケツを足で蹴ることから生まれた表現という説もあります。

5. light-fingered は「手先の器用な、手際のいい」という意味ですが、そこから「（すりが）**手の早い、手癖の悪い**」の婉曲表現としても使われます。

6. 「トラックの荷台から落ちる」(fall off the back of a lorry)は「**盗まれる**」ことをほのめかします。lorry はイギリス英語で「トラック」。

7. make an honest woman (out) of…で「**長くつきあってきた女性と結婚する**、（関係した女性を）**正式の妻にする**」ことを意味します。

和訳例
1. ちょっと用を足しに行ってくる。　2. 彼は終身刑に服している。　3. 彼女、子供が生まれるって。
4. 彼はまさに死のうとしている。　5. 彼はちょっと手癖が悪い。　6. それが盗まれた。
7. 彼は彼女と結婚した。

Part II
実例集2
長文編

では、今度はBEのアナウンスのイントネーションを分析してみます。6本用意しました。いずれも、イギリスで実際に聞かれるアナウンスをリアルに再現しています。お手本の音声をよく聞き、解説を読みながら、自分で声に出して再現することを目指しましょう。

1

機長の搭乗アナウンス

テーマ & 発音のポイント

　この搭乗アナウンスには複合名詞や時の表現など、句末原則があてはまらない表現がいくつも出てきます。ただ、使われているトーンは、ほとんど下降調です。トーンの点では、比較的、素直な文章ということができます。なお、このアナウンスでの流れるようななめらかな英語は、私たちが目指す発音の究極のお手本といえます。

読んでみよう

Captain's welcome aboard announcement

TRACK
70

Welcome to BA 126 to London Heathrow. My name is Michael Smith. It's my pleasure to command the flight this evening. We have 15 minutes to go until our departure time – although preparations are almost complete – just a last door to close – then we should be able to push back, start our engines, and taxi out for departure. In the meantime, I wish you a pleasant flight, and our crew will be giving you some further information shortly. Thank you.

機長の搭乗アナウンス

　ロンドン・ヒースロー空港行きBA126便にご搭乗いただき、誠にありがとうございます。マイケル・スミスと申します。今晩のフライトの機長を務めます。出発まであと15分ですが、準備はほぼ完了して、残った1つの扉を閉めるのみとなっております。その後、当機はいったん後方に牽引されたのち、エンジンを始動し、離陸に向けて移動を開始します。それではみなさま、快適なフライトをお楽しみください。まもなく乗務員が詳細をご案内申し上げます。ありがとうございます。

イントネーション

Captain's welcome **aboard** announcement

TRACK
70

①Welcome ⸤ BA 126 ⸤ London **Heathrow**.

②My name ⸤ Michael **Smith**.

③It's my pleasure ⸤ command ⸤ **flight** this evening.

④We have 15 minutes ⸤ **go** ⑤until ⸤ **departure** time
– ⑥although preparations are almost **complete** –
⑦just ⸤ last door ⸤ **close** –

⑧then we should be able ⸤ push **back**, ⑨start ⸤
engines, ⑩and taxi out ⸤ **departure**.

⑪In ⸤ **meantime**, ⑫I wish ⸤ **pleasant** flight,
⑬and ⸤ crew ⸤ giving ⸤ **further** information
⑭**shortly**.

⑮**Thank** you.

解　説

Captain's welcome **aboard** announcement 　DOWNLOAD2 06 01

核は aboard になっています。これは以下のように考えます。

Captain's + [[welcome aboard] + announcement]
形容詞　＋　　　　　複合名詞（＝名詞句＋名詞）

　Captain's は一種の形容詞、それに welcome abóard（「ご搭乗の感謝」）を 1 つの名詞（句）、announcement も 1 つの名詞と考えます。名詞（句）welcome abóard ＋名詞 announcement で、複合名詞です。複合名詞では前側の名詞が強いので、aboard が一番強くなります。結果として、この句では句末原則があてはまります。全体では形容詞＋複合名詞という構造になります。

① Welcome *to* BA 126 *to* London Heathrow. DOWNLOAD2 06 02

　Heathrow に句末原則が当てはまります。地名はうしろ側が強くなります。そのため、London Heathrow も Heathrow が強くなります。

② My name *is* Michael Smith. DOWNLOAD2 06 03

　句末原則どおりです。人名もうしろ側が強くなります。その結果、Smith が核になります。

③ It's my pleasure *to* command *the* flight this evening.
DOWNLOAD2 06 04

　flight が核になります。this evening は代名詞相当語で、核になりません。

④ We have 15 minutes *to* go DOWNLOAD2 06 05

　素直な句末原則の例です。動詞（不定詞）に下降調が付いています。

⑤ until *our* departure time –

　departure time は複合名詞で、前側の departure にトーンが付きます。

⑥ although preparations are almost **complete** –

⑦ just a last door to **close** –

⑧ then we should be able to push **back**,　　DOWNLOAD2 06 06

⑨ start our **engines**,

⑩ and taxi out for **departure**.

　⑥〜⑩は句末原則に該当します。なお、⑥の push back は「牽引されて後方へ移動する」、⑩の taxi は「飛行機が誘導路を自走する」という意味です。

⑪ In the **meantime**,　　DOWNLOAD2 06 07

　meantime で一種の降昇調が起こっています。mean- は高い平坦調で、そこから time で下がり、最後に上がっています。最後に上昇させることで、次にまだ続くものがあることを示しています。

⑫ I wish you a **pleasant** flight.

　句末原則があてはまらない例です。pleasant が一番際立っていて、これが核と考えられます。飛行機の中ですから、flight には情報量があまりありません。そのため、pleasant が核になったと考えられます。ただ、ここは素直に句末原則をあてはめても、問題はないでしょう。

⑬ and our crew will be giving you some **further** information　　DOWNLOAD2 06 08

　ここも⑫同様、句末原則があてはまらない例です。本来なら information が核となるはずですが、その前の形容詞 further にトーンが付いています。「すでにいろいろな情報をここまで話してきたので、さらなる情報は…」という意味だと考えられます。

⑭ shortly.

shortly を際立たせるため、独立した音調句にして、大きな下降調が付いています。

⑮ Thank you.

DOWNLOAD2 06 09

Thank you. は基本的に thank が核です。内容語は thank だけだからです。

Nadia's Column　イギリス英語をもっと知りたい！③

TRACK 78

イギリスはおいしい？

先日、YouTube でイギリスの料理番組をチェックしていたら、おもしろい表現を耳にしました。次のような言い方です。

　a. Whack the toast under the grill.
　b. Turn the gas up to full whack.
　c. Bung it in the oven.

a の whack は動詞で「（つえなどで）…を強く打つ、ぴしゃりと打つ」という意味でよく用いられます。しかし、ここでは「（物を）無造作に置く」という意味で使われています。よって、a は「グリルにトーストを適当に置いてください」という意味になります。

b では whack が名詞で使われています。この語は「ぴしゃりと打つこと［音］、強打」の意味で用いられますが、イギリスでは「分け前、負担分」といった意味でも使われます。たとえば、get a whack と言えば、「分け前をもらう」です。そして、the full whack で、「全部、全額」という意味になります。ですので、b の Turn the gas up to full whack. は、「ガスを全開にしてください」⇒「強火にしてください」ということになります。

では、c はどうでしょう？　動詞 bung は「…に栓をする、ふさぐ」の意味で使われますが、イギリスでは「…を放り投げる、乱暴に置く」の意味でも用いられます。ですので、この英文は「それをオーブンに放り込んでください」といった感じになるでしょうか。

私の国イギリスの料理はおいしくないとよく言われますが、私たちも料理に対して強い関心があります。そしてイギリス英語には料理や飲み物に言及する表現がたくさんあります。

以下に例を挙げます。みなさんは、どれくらいおわかりですか？（答えと訳は 143 ページ）

※上の a〜c と左の英文の音声を「ダウンロードファイル 1」に収録しています。

　1. What are we having for afters?
　2. What's your tipple?
　3. Please tuck in before it all gets cold.
　4. We went to the pub to wet the baby's head.
　5. I'm a little peckish.
　6. Those cakes look really scrummy.
　7. I could murder a sandwich.
　8. These crisps are really morish, aren't they?

2 飛行機内でのアナウンス

下降調のバリエーション

テーマ & 発音のポイント

　ここでは、下降調のバリエーションを学びます。高低差が小さく、控えめな下降調が何度かあらわれています。情報の重要さに応じて、高低差に変化をつけているのです。このような読み方をするには、文章の内容を理解し、細かな解釈をすることが必要です。もし余裕があれば、そこまで意識して音読してみてください。

In-flight announcement

実例集 2 長文編

We ask that passengers keep their seatbelts fastened at all times when seated. As this flight proceeds overnight, you might wish to get some rest, perhaps using a blanket, so please do make sure your seatbelt is fastened over your blanket, then our crew will not have to disturb you, should the captain have to turn on the seatbelt sign.

機内のアナウンス

　ご着席中は、常にシートベルトをしっかりお締めください。夜間のフライトとなりますので、お休みになるお客様は、毛布をお使いになると思います。その際は、毛布の上からシートベルトをお締めください。機長がシートベルトの着用サインを点灯させることもありますが、そうしていただければ、乗務員がお休み中にお声をかけることはいたしません。

In-flight **announcement**

①We ask *that* **passengers** ②keep *their* **seatbelts**
③fastened ④*at* all times *when* **seated**.

⑤As this flight proceeds over**night,** ⑥*you* might wish *to*
get *some* **rest,**

⑦**perhaps** ⑧using *a* **blanket,**

⑨*to* please **do** make sure ⑩*your* seatbelt *is* **fastened**
⑪over *your* **blanket,**

⑫then *our* crew *will* **not** have *to* disturb you, ⑬**should** *the*
captain ⑭have *to* turn on *the* **seatbelt** sign.

解 説

In-flight **announcement**　　　　　　　`DOWNLOAD2 06 10`

　in-flight は形容詞で「機内の」という意味です。そのため、タイトルは [形
容詞＋名詞] の名詞句で、句末原則が当てはまります。-nounce- が核で、下
降調で読まれます。ただし、出だしの in- も強く、はっきりと発音されていて、
そこが核のようにも聞こえるほどです。

① We ask *that* **passengers**　　　　　　`DOWNLOAD2 06 11`

　第1文を細かく4つの音調句（①〜④）に分けました。全部を一気に話していますので、1つの音調句と考えることも可能です。しかしここでは読みやすくするため、細かく分けました。なお、分け方は下降調のあらわれ方と微妙なポーズを基準にしています。

　①は passengers で下降調がついています。passengers の強勢母音は [æ] ですが、BE では [a] と表記されるべき母音です。AE のような「エ」の成分が強く、長く響く母音ではないためです。

　ところで、動詞の pass は、BE では [pɑːs] と発音されます。間違えやすいので要注意です。

② keep *their* ˇseatbelts

　seatbelt は seat ＋ belt の複合名詞です。そのため seat- が核です。

③ fastened

　fastened の fas- でいったん声を高く平らに発音して、一気に低く発音しています。この単語全体としては下降調です。

④ *at* all times *when* ˇseated.

　seated の下降調は、fastened に比べると、高低差が小さく、控えめです。seated という情報が、fastened ほど重要でないことがよくわかります。専門的には「低下降調」といいます。

⑤ As this flight proceeds overˇnight,   `DOWNLOAD2 06 12`

　overnight の第一強勢のある -night で、下降調が聞かれます。かなり強く、長く、はっきりとあらわれています。

⑥ *you* might wish *to* get *some* ˇrest,   `DOWNLOAD2 06 13`

　⑥は句末原則のわかりやすい例です。

⑦ perhaps

perhaps はかなり耳に残るので、1 つの音調句としました。強く発音されていますが、音程変化の小さい、平坦調に近い下降調です。

⑧ using ˌ blanket,

blanket で下降調があらわれています。ただし、階段を下りていくような 2 段階の下降です。結果として低くなっていくので、下降調とみなします。

⑨ ˌto please do make sure
DOWNLOAD2 06 14

命令形の強調で do ＋動詞の原型を使っています。命令形の強調は do が核になります。強くお願いする言い方です。make sure は低く平らに読まれています。なお sure は [ʃɔ́ː] と読まれています。現在の BE ではごく普通に使われる音形です。

⑩ ˌyour seatbelt ˌis fastened

⑪ over ˌyour blanket,

⑩⑪は句末原則の例です。fastened, blanket はともに上で見たように、階段状に 2 段階の下降をしています。この形の下降調は、各音節が急降下せず、長めになるので、穏やかな感じに響きます。
　なお、⑪の over の o- の音質にも注意してください。BE らしい [əʊ] がよく響いています。

⑫ then ˌour crew ˌwill not have ˌto disturb you,
DOWNLOAD2 06 15

BE らしい分離降昇調があらわれています。ここでは not が大事な情報として核となり、下降調で読まれています。尾部が 5 音節とけっこう長めです。低く平らに読まれますが、次にまだ条件節が続くことを示すため、最後で軽く上げています。結果として、ここでは分離降昇調があらわれています。

⑬ should *the* captain

captain のあとで微妙なポーズが入るので、そこまでで 1 音調句としました。この部分は倒置形です。if the captain should have to turn on the seatbelt sign の if が省略され、should the captain ～となっています。倒置して、should を核にすることで、「もし万一～でしたら」という感じが強調されます。BE でよく使われる形です。

⑭ have *to* turn on *the* seatbelt sign.

これは句末原則にしたがっていないようで、したがっている例です。seatbelt + sign で複合名詞を作っています。その結果、前側の seatbelt が強くなります。その強勢音節 seat- に下降調が付くわけです。

実例集 2 長文編

Nadia's Column　イギリス英語をもっと知りたい！③

答えと訳

1. この afters は「**デザート**」のことです。食後に出てくるパイやプディングを示します。「デザートは何にする？」です。
2. tipple は「**酒**」です。「君がいつも飲んでいる酒はなんだ？」となります。
3. tuck in は「**パクパク食べる、ガツガツ食う**」です。「冷たくなる前に、さっさと食べてしまおう」ということです。
4. wet the baby's head で、「**赤ん坊の誕生を祝って祝杯をあげる**」です。この文は「酒場に行って、赤ん坊の誕生に乾杯だ」となります。
5. peckish は「**少しお腹がすいた**」。この文は「僕は少しお腹がすいた」となります。
6. scrummy は scrumptious（[食べ物が] **とてもおいしい**）の口語的な言い方です。
7. 「サンドイッチを殺害するかもしれない」とはなんとも物騒な言い方ですが、I could murder …は、「…**が食べたくて（飲みたくて）たまらない**」という意味になります。I could murder a sandwich. で、「サンドイッチが食べたくてたまらない」です。
8. morish, または moreish は、more（もっと）から来ている形容詞で、「**もっと食べたくなる（ほどおいしい）**」という意味で使われます。この文は「このポテトチップス、すごくおいしいよね？」であり、言ってみれば「おいしくて、やめられないとまらない」という感じでしょう。

3 祝日の天気予報

平坦調が多用される文1

テーマ & 発音のポイント

　このアナウンスでは、平坦調の使い方を見てみましょう。平坦調は「未完」「継続」といった意味を伝える、上昇調に近いトーンです。ただ、上昇調以上に「文が終わらない」、「まだ続きがある」といったニュアンスが出ます。

読んでみよう

Bank Holiday weather report

TRACK 72

Hello there. Well, over the last couple of days we managed thirty degrees across London and the southern counties. And looking ahead to the bank holiday tomorrow – well, another fine and dry day for most of us. And this afternoon – not looking too bad either. There may be a little bit more cloud moving into western areas, making the sunshine a little hazy in places, but it's not going to spoil things at all. So, many of us looking at a lovely fine day tomorrow, with spells of sunshine and a top temperature of eighteen degrees.

祝日の天気予報

　みなさま、こんにちは。さて、2、3日にわたり、ロンドンから南にかけて、30度を超える気温となりました。明日の祝日も、ほとんどの地域で天気がよく、雨は降らないでしょう。そして今日の午後も、それほど天気がくずれることはないでしょう。西の地域に雲が少し移動し、ところにより日差しがかげるかもしれませんが、天気はもつでしょう。明日は多くのところで好天に恵まれ、最高気温は18度となるでしょう。

イントネーション

TRACK 72

Bank Holiday weather report

①Hello there.　②Well,　③over the last couple of days
④we managed thirty degrees across London　⑤and the
southern counties.

⑥And looking ahead to the bank holiday tomorrow –
⑦well, ⑧another fine and dry day for most of us.

⑨And this afternoon – ⑩not looking too bad either.

⑪There may be　⑫a little bit more cloud　⑬moving
into western areas,　⑭making the sunshine a little hazy in
places, ⑮but it's not ⑯going to spoil things at all.

⑰So, ⑱many of us ⑲looking at a lovely fine day
⑳tomorrow,　㉑with spells of sunshine　㉒and a top
temperature ㉓of eighteen degrees.

実例集 2 長文編

解　説

Bank Holiday weather report

DOWNLOAD2 06 16

　bank holiday は複合名詞ですが、強勢は bànk hóliday と、うしろが
強くなります。この bank holiday にさらに weather report が付きます。
weather report も複合名詞です。これは普通の複合名詞で、前側、つまり
weather が強くなります。

では、タイトルのように、これら 2 つの複合名詞が結びついた、bank holiday weather report はどうなるでしょうか。[複合名詞＋複合名詞] は、[名詞＋名詞] と同じです。なので、前側が強くなりそうです。でも、音声をよく聞くと、以下のように、weather が核であると確認できます。これはどうしたことでしょうか。

bank holiday weather report

　考えられるのは、bank holiday が形容詞として、weather report を修飾していることです。実は、日を表わす表現は形容詞として使われます。たとえば Sùnday lúnch（日曜に取る昼食。ローストビーフが載っているものが典型。ちなみに、このときのローストビーフは Sùnday Róast と呼ばれます）。そのため、bank holiday も形容詞という意識が強いのでしょう。

　つまり、[形容詞＋名詞] の組み合わせになっているため、句末原則にしたがい、うしろの名詞 weather report が核となるわけです。

① Hello there.

DOWNLOAD2 06 17

　Hello はここでは He- に強勢があります。ただ、一般的には -llo に強勢を置くことが多いようです。この He- で下降が起こり、there で上がる分離降昇調が起きています。この there は呼びかけで、親しみを込めて上昇調を使っていると思われます。なお、there の発音は [ðέə] ではなく、[ðέ:] になっています（[ε] は大きく口を開けた「エ」）。最近、よく聞かれる音形です。

② Well,

DOWNLOAD2 06 18

　Well は平らに発音しています。

③ over the last couple of days

　句末原則どおりです。days は核としてかなり長く発音されています。ここでは、次に続く感じを示す降昇調が使われています。また、over の o-[əʊ], last の -a-[ɑ:] は、ともに BE らしい音です。

④ we managed thirty degrees across London

thirty degrees across London の 4 語は、高低差はあるものの、それぞれ平坦調で読まれています。そのためこの文を 1 音調句とみなすとどれが核か判定するのは容易ではありません。ただ London までで意味と発音が句切れていますので、ここまでで句末原則があてはめられ、London が核だと判断するのが妥当です。

ちなみに、London の強勢母音は「オ」ではなく [ʌ] です。また、日本人は [l] も不得意です。そのため、London [lʌnd(ə)n] と言っているつもりが、相手には "rondon" と聞こえている可能性があります。これでは意味不明ですね。

⑤ and the southern counties.

ここは素直に句末原則が当てはまります。counties で下降調があらわれ、長さもかなり長くなっています。

⑥ And looking ahead to the bank holiday tomorrow –

DOWNLOAD2 06 19

長い分離降昇調です。And で下降調があらわれ、そのまま低めに進み、最後の tomorrow で上昇しています。つまり And で追加情報があると宣言し、それをひと息で言いきっています。最後で上昇することで、この音調句が一区切りつくことを示しています。

⑦ well,

DOWNLOAD2 06 20

平らに言っています。

⑧ another fine and dry day for most of us.

ここでは、another から us までを 1 音調句として考えます。大事な情報である fine, dry などを高く発音することで注意を引いています。最後の内容語の most が下降調で読まれます。ただ、この下降調は音程差の小さい控えめ

な下降調（低下降調）なので、あまり注意を引きません。

⑨ And this **afternoon** –

⑩ not looking too bad **either**.

　⑨⑩は句末原則のあてはまる例です。⑩では、最後の either で一番高くまで上がってから、一気に下降します。either まで、内容語が並んでいます。それらをリズミカルに発音し、同時に少しずつ最後に向かって上げていきます。なお either は、BE ではダウンロードの音声のような [áɪðə] が多数派です。AE では [í:ðɚ] が多数派です。

⑪ There **may** be

　may で下降が起こっているので、いったん意味の句切れる be までで 1 音調句とします。may は助動詞、つまり機能語ですから、通常は核になりません。でも、その意味を強調したい場合には、機能語も核になります。ここでは「かもしれない」という可能性を強調したいのでしょう。ちなみに There は高い音です。出だしが高いのは、BE の特徴です。

⑫ a little bit more **cloud**

　句末原則が素直に当てはまっています。トーンは平坦調です。

⑬ moving into western **areas**,

　western と areas はともに平らなトーンがかぶさっています。なお、最後の areas のほうが少し低くなっています。ここを核とみなします。

⑭ making the sunshine a little **hazy** in places,

　little のあたりから声が高くなり、hazy で急降下しています。in places にも若干の音程の変化がありますが、ここでは hazy の尾部とみなします。

⑮ but it's **not** →

not を中心とした 1 つの音調句として扱います。not がかなり強く発音されています。それだけ大事な情報ということです。高い平坦調が使われています。

⑯ going *to* spoil **things** *at* all.

things で下降しています。at all は尾部らしく、低く弱くなっています。at all は not と結びついて否定を強調する表現ですが、否定自体は⑮ではっきりあらわれています。ですから at all の情報価値はあまり大きくないということです。

⑰ So,

So だけを下降調で言っています。「というわけで」とはっきり表現していて、結論に入ろうとしていることを表わしています。BE 特有の [əʊ] という母音にも注目してください。

⑱ many *of* **us** →

many of us は、of と us が機能語なので、many が核になるのが普通です。ただ、ここでの us は many 同等の強さです。こうなると、核はうしろにある us です。トーンは平坦調です。

⑲ looking *at a* **lovely** fine day

lovely が核です。fine day という情報はすでに出ています。晴れの度合いが問題になっているのです。

⑳ **tomorrow**, →

tomorrow で平坦調が使われています。もし⑲に組み込まれていて、lovely の尾部の一部であれば、もっと注意を引かない、低い声での発音にな

るでしょう。でも、この tomorrow は際立っています。独立した音調句として発音されている証拠です。

㉑ with spells of sunshine

句末原則にしたがって、sunshine が核になっています。トーンは tomorrow 同様、平坦調です。

㉒ and a top temperature

top が高く際立っていて temperature が低くなっています。ここでは音程の変化がある top が核とみなせます。

㉓ of eighteen degrees.

eighteen は強く読まれ、際立っています。しかし、核とみなせるのは degrees です。degrees も強く発音され、音程の変化があるからです。しかも、句末にあります。of はほとんど聞こえないくらい弱まっています。

早口のアナウンスを再現する

4 交通情報

Traffic report

And now for the traffic report. Well, things are looking a bit dodgy on the A2, a lot of people seem to be heading to the Northfields shopping centre today – it's very busy on the A2 just before the Northfields turnoff. And on the A1 coming into London, there's still some debris after an accident involving three cars earlier, so that's adding about 30 minutes to your journey. And Kensington High Street is closed until 8 pm – they're going to be switching on the Christmas lights there later today. Also, Southeast are running replacement buses today between Victoria and Clapham because of engineering works. So they advise if you're getting a train today to check before you travel.

交通情報の時間です。さて、本日 A2 の流れが少し悪くなっています。多くの人々がノースフィールド・ショッピングセンターに向かっているもようです。ノースフィールドへの分岐点の直前が大変混雑しています。A1 のロンドン方面の上り車線は、先ほど起きた車両 3 台がからむ事故の破片が散らばっています。到着に 30 分程度の遅れが生じるもようです。ケンジントン・ハイストリートは、午後 8 時まで通行止めとなります。のちほど、クリスマスライトの点灯が行われるためです。またサウスイースト鉄道は、工事のため、ヴィクトリアとクラバム間で列車の代行バスを運行しています。電車にお乗りの方は、お出かけ前に情報をご確認くださいとのことです。

イントネーション

TRACK 73

Traffic report

①And now ②for the traffic report.

③Well, ④things are looking a bit dodgy on the A2, ⑤a lot of people ⑥seem to be heading to the Northfields shopping centre today –

⑦it's very busy on the A2 just before the Northfields turnoff.

⑧And on the A1 coming into London, ⑨there's still some debris ⑩after an accident ⑪involving three cars earlier, ⑫so that's adding about 30 minutes ⑬to your journey.

⑭And ⑮Kensington High Street is closed until 8 pm – ⑯they're going to be switching on the Christmas lights there ⑰later today.

⑱**Also,**　⑲Southeast *are* running replacement **buses** today ⑳between **Victoria** ㉑*and* **Clapham** ㉒because *of* **engineering** works. ㉓ So they advise *if you're* **getting** *a* train today ㉔ *to* **check** ㉕ before *you* **travel.**

解　説

Traffic report

[名詞＋名詞] の複合名詞なので、前に強勢があります。

① And **now**

まずは、now で相手の注意を引くため、高い声を出しています。また、now のあとに、情報が続くので、平らに発音しています。

② *for the* **traffic** report.

上でも述べたように、traffic report の強勢は traffic にあります。なので、②は句末原則が当てはまっているといえます。

③ **Well,**

この well は、新しい話題を導入するためのものです。意味自体は特にないので、軽く平らに発音されています。

④ things *are* looking *a* bit dodgy *on the* A2,

長めですが、句末原則が当てはまります。なお、A2（イギリスの主要幹線道路名）のように、略語ではうしろ側に強勢が来ます。そのため 2 (two) で下降します。ところで、④はやや長く、一気に発音されています。文法的にはむずかしくありませんが、dodgy，A2 といった BE ならではの表現が使われています。そのため、意味がとりにくいかもしれません。

実例集 2　長文編

⑤ a lot of people⟶

　主語は、独立した音調句にすることができます。ただし、主語が代名詞の場合は短いので、そうなることはほとんどありません。people のあとにはっきりした句切りはありませんが、後続の述部が長いので、ここでいったん句切ってあると考えます。平坦調です。

⑥ seem to be heading to the Northfields shopping centre today –

　長く一気に発音されています。核はうしろから３番目の shopping です。today は通常、代名詞相当語で核になりません。核は Northfields shopping centre にあります。この地名はまず、[Northfields + [shopping centre]] と分析できます。地名はうしろ側が強くなります。うしろ側の shopping centre が強くなるわけですが、これは複合名詞です。そのため、前側の shopping が強くなります。よって核は shopping というわけです。

⑦ it's very busy on the A2 just before the Northfields turnoff.

　これも長い音調句です。句末原則に素直にしたがっています。長い音調句だからか turnoff での下降がやや弱々しくなっています。

⑧ And on the A1 coming into London,

　and を強調して高く平らに発音することで、「さらに（まだ情報は続きます）」と伝えています。まったく句切れずに次に続いていることから、この and は核ではなく、音調句の出だしとして高く発音されていると考えられます。核は into です。出だしでかなり高く上がり、一気に下がっています。交通情報ですから「上り」か「下り」かを示すことは重要です。なので into が核になっているのです。最後の London でわずかに上昇して、分離降昇調になっています。次にまだ言葉が続くことを示しています。

⑨ there's still *some* debris

DOWNLOAD2 06 32

　句末原則が当てはまります。ただ、debris にかぶさるトーンは下がりきらない下降調のように聞こえますが、ここでは、降昇調とみなします。下がらないことで、次に続く感じが出ます。なお、debris の発音は [débri:] です。

⑩ after *an* accident

　句末原則どおり、accident で上昇調があらわれていると考えられます。ただ、after が高く平らなので、after から始まり accident で上昇する、分離降昇調を構成しているとも考えられます。

⑪ involving three cars earlier,

　句末原則にしたがって、earlier で下降調です。ただ、earlier はかなり控えめな下降です。three を際立たせようとした結果、earlier が自然と弱くなったと思われます。

⑫ so that's adding about 30 minutes

DOWNLOAD2 06 33

　30 が耳に残りますが、下降しているのは minutes です。数字に付く単位は、このように句末原則に該当します。文はまだ終わっていませんが、交通情報として「30 分かかる」は、大事な新情報ですので、下降調が適切です。

⑬ *to your* journey.

　素直な句末原則です。

⑭ And

DOWNLOAD2 06 34

　さらに情報が続くことを示唆するため、And を核にしてはっきり発音しています。降昇調です。降昇調は長く発音しやすいため、間を取りたいときにはうってつけのトーンです。

⑮ Kensington High Street is closed until 8 **pm** –

8 が際立っていますが、音程の変化は pm で起こっています。控えめな下降調です。なお、pm のような略語はうしろに強勢があるので、核は -m です。

⑯ they're going to be switching on the **Christmas** lights there

Christmas lights は [名詞＋名詞] の複合名詞で、前側の Christmas に下降調が付きます。there は代名詞相当語ですので、核にはなりません。there がごく軽く上がっているのは後続する情報があることを示すためです。結果として、分離降昇調です。

ちなみに、Christmas の付く複合名詞の多くは、Christmas が強くなります（例：Chrístmas tree, Chrístmas card, Chrístmas present）。ただ、うしろの名詞が強くなるものが若干あります（例：Christmas Éve, Christmas hólidays, Christmas púdding）。

⑰ **later** today.

later が核です。下降調です。today は通常は核にならない表現です。しかも、交通情報ですので、今日であることは当然のこと。現在もしくは直近の情報が大事ですので、later が重要です。

⑱ **Also,**

さらに追加情報があることを、降昇調で表わしています。

⑲ Southeast are running replacement **buses** today

buses が核です。平坦調です。ただ、次の today で一度下がり、そのあと上がっています。分離降昇調の一種です。新しい情報で下降したものの、さらに続きがあることが明らかなので、下がりきらずに次の音調句に移った、ということでしょう。

⑳ between **Victoria**

Victoria が降昇調で読まれています。新しい情報なのでいったん下降させ
ています。ただ、その後、まだ続きがあることを示すため、上昇させています。

㉑ *and* **Clapham**

Clapham が核で、下降調です。なお、発音は [klǽpəm] です。-h- は発音しま
せん。この黙字の h は、Birmingham[bə́:miŋəm], Buckingham[bʌ́kiŋəm],
Durham[dʌ́rəm], David Beckham[bɛ́kəm], Graham[grɛ́iəm] など、地名
や人名によくあらわれます。

㉒ because *of* **engineering** works. `DOWNLOAD2 06 37`

engineering works は [名詞＋名詞] の複合名詞で、前側の engineering
が核になります。㉒まででいったん節が終わるので、下降調です。

㉓ So they advise *if you're* **getting** *a* train today `DOWNLOAD2 06 38`

getting で下降調が付いています。さらに続きがあるため、today で上昇し
ています。全体で分離降昇調を構成しています。

㉔ *to* **check**

㉔の 2 語は、音声上切れ目なく㉕とつながっています。ただ、㉔㉕では、
check と travel に下降調があります。そのため、2 つの音調句があると考えられ
ますので、いったん check で句切りました。㉔㉕で最も大事なのが、この check
です。一番力強く発音されています。ただ、あまり大きな下降ではありません。

㉕ before *you* **travel**.

素直な句末原則です。㉔に比べ重要度が低いので、控えめな下降です。

5

ツアーを案内する

ステイトリーホーム・ツアー

テーマ & 発音のポイント

　ステイトリーホームとは個人の所有する大邸宅で、特に敷地内、庭園を含めて一般に公開されているものをさします。ここでのナレーションは、ツアーの案内人らしく快活な話し方です。これは、声をしっかり出し、さらに高低と強弱のメリハリを大きくすることで演出できます。人前で話す際の参考にしてください。

読んでみよう

Stately home tour

TRACK
74

Hello. My name is James. I'd like to welcome you to the grand tour of Hartley Palace, home to the Grenville family for over 500 years. This tour will take approximately one hour, and we'll be walking around both the house and gardens. I'd just like to warn you in advance that there are quite a lot of steps to climb, and that flash photography is not permitted as it may damage the exhibits, many of which are quite delicate. So, if you'd like to follow me, we'll start the tour in the grand hall....

ステイトリーホーム・ツアー

　こんにちは、ジェームズです。ハートリー・パレスの見学ツアーにようこそおいでくださいました。この邸宅は 500 年以上にわたり、グレンヴィル家の住居となっております。当ツアーは、およそ 1 時間かけて、家屋と庭園を散策してまわります。前もってお知らせいたしますが、階段をたくさん登っていただかなければなりません。また、フラッシュ撮影は、展示品の状態を損なう恐れがありますので、禁止となっております。展示品の多くは、極めて慎重な扱いが必要です。では、準備のできた方は、大広間から見学を始めましょう。

イントネーション

Stately home **tour**

TRACK
74

①Hello.　②My name is **James**.　③I'd like to welcome you to the **grand** tour of ④Hartley **Palace**,　⑤home to the Grenville **family** ⑥for over 500 **years**.

⑦**This** tour ⑧will take approximately **one** hour, ⑨and we'll be walking **around** ⑩both the house and **gardens**.

⑪I'd just like to warn you in **advance** ⑫that there are quite a lot of steps to **climb**, ⑬and that flash **photography** ⑭is not **permitted**　⑮as it may damage the **exhibits**, ⑯many of which **are** ⑰quite **delicate**.

⑱**So**, ⑲if you'd like to follow **me**, ⑳we'll start the **tour** ㉑in the grand **hall**....

実例集 2 長文編

解　説

Stately home **tour**

DOWNLOAD2 06 39

① Hello.

DOWNLOAD2 06 40

-lo で下降調です。

② My name is **James**.

DOWNLOAD2 06 41

核はもちろん最重要の情報 James です。下降調です。なお、出だしの My は客の注意を引くため、高く平らに発音されています。

③ I'd like to welcome you to the grand tour of

grand が強く発音され注意を引きますので、これを核とみなします。下降調です。なお、次の④とは切れ目はありません。でも、grand で1回大きな音程の変化があり、Palace でも音程の変化があります。2つ核があるということで、2つに分けました。

ところで、grand tour（大きな建物などの案内付きの見学）は［形容詞＋名詞］です。なので、通常は句末原則が適用されます。ただ、ここでは、おそらく「私ジェームズが付いていく特別な（邸内見学ツアー）」ということを強調するために、grand を核にしているのでしょう。

④ Hartley Palace,

Hartley は高くて注意を引きますが、音程の変化は Palace に付いています。ここが核です。なお、地名はうしろが強くなります。

⑤ home to the Grenville family

⑥ for over 500 years.

⑤⑥はともに句末原則が当てはまります。Grenville family は［形容詞＋名詞］（グレンヴィルという家族）と考えます。［数字＋単位］は、通常は句末原則にしたがうため、単位が核になります。ちなみに、years の出だしは「ィー」と長く響いていますね。year の [j] はこのように、長く発音するのがコツです。

⑦ This tour

分離降昇調です。これは主部ですので、述部が続くことを示唆しています。

⑧ will take approximately one hour,

160

　one hour は本来なら、単位である hour が核になるはずですが、ここでは
one が核です。おそらく広い敷地で、ツアーに何時間もかかりそうな雰囲気
があるのでしょう。数時間ではなく 1 時間ですよ、ということを表わしてい
ると思われます。ちなみに、approxi<u>mate</u>ly の下線部の発音は [mət] です。
短く発音してください。

⑨ *and we'll be* walking **around**

　around がはっきり平らに発音されています。これを核とみなします。た
だ、この around は前置詞ですから、普通は核になることはありません。でも、
その直後に、きわめて微妙なポーズが入っているようです。both A and B と
いう長い句が続くため、一度切れ目を入れたと考えられます。注意を引く上、
微妙ながら句切れ目が入っているので、around を核とみなします。

⑩ both *the* house and **gardens**.

　句末原則に素直にしたがっています。ちなみに、gar<u>dens</u> の下線部は、母
音を入れず鼻から息を抜くだけの [dn] になっています。「ンー」のような音で
す。

⑪ I'd just like *to* warn *you in* **advance**　　DOWNLOAD2 06 45

　advance が核で、いったん意味が句切れます。advánce の強勢母音 [ɑ:]
はかなり長く発音されています。ちなみに warn の母音は [ɔ:] です。スペリ
ングにつられて読み間違える人も多いので、注意してください。

⑫ *that there* are quite *a* lot *of* steps *to* **climb**,

　句末原則がきっちり当てはまっています。核であるからこその climb の長
さをよく味わってください。

⑬ *and that* flash **photography**　　DOWNLOAD2 06 46

実例集 2 長文編

⑬ は warn につながる、2 つめの that 節の主部です。通常、flash photography は [名詞 ＋ 名詞] の複合名詞で前の部分が強いのです。でも、ここでは photography が強くなっています。flash が形容詞として解釈されていると考えられます。降昇調で、続きがあることを示しています。

⑭ is not permitted

句末原則があてはまります。文は終わっていませんが、ここで意味は大きく句切られています。それで下降調が使われているのです。

⑮ as it may damage the exhibits,

⑮は句末原則どおりです。下降調です。exhibits の発音は、-h- は発音せず、[ɪgzíbɪt] です。

⑯ many of which are

are でいったん句切っています。are は高い平坦調です。続きがあることがよくわかります。

⑰ quite delicate.

句末原則どおり、delicate が核です。ちなみに発音は、delicate[délɪkɪt] です。または [déləkət] でもかまいません。-cate は長く発音されないことに注意しましょう。

⑱ So,

1 語のみで下降調で発音しています。勢いよく下降させています。話題が変わり、「これから結論を伝えます」ということをはっきり表明するため、下降調を使っていると思われます。

⑲ if you'd like to follow me,

　me は代名詞ですが、核です。しかも、続きがあるにもかかわらず、下降調です。「他の人ではなく私に」という意味をはっきり表明しているのです。

　また、帰結節はほとんど切れ目なく続いています。me を下降調で言ったままでは、これで文が終わりかと思われてしまいます。だからこそ、帰結節をすぐつなげているのでしょう。

⑳ *we'll* start *the* **tour**

　start と tour を平らに言っています。start のほうが高く、tour で少々低くなっています。平らなので、あとに続く感じがします。句末原則にしたがえば、tour が核と考えられます。

　ちなみに、tour の発音は⑳や③では [tó:] です。でも、タイトルや⑦では [tʊə]と発音しています。tour の発音は、どちらもよく使われています。そのことがよくわかる例ですね。

㉑ *in the* grand **hall**....

　grand が強く耳に残りますが、音程の変化がある hall が核で、下降調で読まれます。

6

平坦調が多用される文 2

銀行の自動応答メッセージ

テーマ & 発音のポイント

　このアナウンスでは、平坦調が多用されています。平坦調は、基本的には上昇調と同じ働きです。

　ただし、大事なところを高い平坦調で読み、そのあとに低い音を続けることがあります。この場合、高→低という流れができるため、下降調の一種として扱えます。この平らな下降調は、①や④や⑥のような分離降昇調の前半部（下降部分）としてあらわれることもあります。

読んでみよう

Answer machines

TRACK
75

Thank you for calling the Royal HammerSmith Bank. For security and training purposes your call will be recorded and may be monitored. Please hold while we transfer you to an adviser.

Thank you for holding – your call is important to us. All our agents are currently unavailable. We appreciate your call and will be with you very shortly.

自動応答装置

　ロイヤル・ハマースミス銀行にお電話いただき、ありがとうございます。情報保護と社内研修のため、通話は録音され、内容を確認させていただく場合がございます。相談員におつなぎするまで、切らずにお待ちください。

　お待ちいただき、ありがとうございます。お客様のお電話は、当社にとって重要です。現在、担当者は全員電話に出られません。お電話ありがとうございました。まもなく戻ります。

イントネーション

Answer machines

TRACK 75

① Thank *you for* calling ② *the* Royal HammerSmith Bank.

③ *For* security *and* training purposes ④ *your* call *will be* recorded ⑤ and may *be* monitored.

⑥ Please hold ⑦ *while we* transfer you *to an* adviser.

⑧ Thank *you for* holding – ⑨ *your* call *is* important *to* us.

⑩ All *our* agents *are* currently unavailable.

⑪ We appreciate *your* call

⑫ *and* will *be* with *you* very shortly.

解 説

Answer machines

DOWNLOAD2 06 49

　answer machine は複合名詞なので、前側の answer が核になります。なお、answer の a- は BE では [ɑ:] です。AE の [æ] とならないように、大きくあごを下げて発音してください。

① Thank *you for* calling

DOWNLOAD2 06 50

出だしの thank は平らに発音されています。you から低くなっているので、thank は実質的には下降調です。ここが核です。そして calling の -ing で高く平らに発音されています。結果として、分離降昇調になっています。次に情報が続くことが示唆されています。

② *the* Royal HammerSmith Bank.

Royal HammerSmith Bank は架空の銀行名です。複合名詞と考えます。強勢は Smith にあります。ここが核です。この名称の強勢位置は、次のように考えます。

$$\begin{bmatrix} \text{Royal} \begin{bmatrix} \text{HammerSmith} \end{bmatrix} \end{bmatrix} \quad + \quad \text{Bank}$$

[形容詞＋名詞句] 　　　　　+ 　　名詞
　　　　 ‖
[名詞句] 　　　　　　　　　+ 　　名詞

形容詞 Royal と HammerSmith という名前が結び付き、[形容詞 ＋ 名詞] で、名詞側に強勢が来ます。HammerSmith は、本来 hammersmith（鍛冶屋）という 1 語です。ham- に強勢があります。でも、ここでは「鍛冶屋」の意味合いが薄れ、姓名のような扱いになり、Smith に強勢が置かれています。結局、全体では、[名詞句 Royal HammerSmith+ 名詞 Bank] という複合名詞となり、前側の Smith に強勢が置かれます。

③ *For* security *and* training purposes　　DOWNLOAD2 06 51

training purposes で分離降昇調が起きています。training purposes は [動名詞＋名詞] の複合名詞なので、前側の training が核になります。purposes で上昇させることで、続きがあることを示しています。

④ *your* call *will be* recorded　　DOWNLOAD2 06 52

ここは分離降昇調があらわれています。まず call が、大事な情報として高く発音されています。そのあとの will be が低く抑えられています。このため、

call は平坦調ですが、実質的には下降調と考えられます。さらに、recorded で、続きがあることを示すため、語尾が上がっています。

⑤ and may ʰₑ **monitored.**

句末原則どおりです。may は通常、機能語なので弱く発音されますが「かもしれない」という可能性を示すため、強く発音されています。

⑥ **Please** hold　　　　　　　　　　DOWNLOAD2 06 53

Please が高く平らに発音されています。次の hold が上昇しています。全体で Please を核とした、分離降昇調です。

⑦ ₓₕᵢₗₑ ᵥₑ transfer you ₜₒ ₐₙ **adviser.**

句末原則にしたがっています。adviser（AE では advisor が多い）が核です。-viser がかなり長く、はっきり聞こえます。ところで、transfer は動詞では通常 -fer に強勢がありますが、ここでは trans- が強くなっています。どちらかというとこのように読む人は少ないと思われます。なお、trans- の母音は BE, AE ともに [æ] が使われます（ただし、正確には BE では、「エ」の響きがあまりない [a] です）。また、while が弱まって「ワウ」程度になっていることにも注意してください。

⑧ Thank ᵧₒᵤ ₒ **holding** –　　　　DOWNLOAD2 06 54

素直に句末原則にしたがっています。

⑨ ᵧₒᵤᵣ call ᵢₛ important ₜₒ **us.**　　DOWNLOAD2 06 55

最後の us が長くはっきり発音されているので、これを核とみなします。下降調です。通常、us は機能語で、核にはなりませんが、ここでは「他でもない私たちには」という意味が表現されていると考えられます。

⑩ All *our* agents *are* currently **unavailable**. DOWNLOAD2 06 56

　句末原則にしたがっています。この文で話題が変わるため、All で高く始まっています。our は [ɑwə] といった具合です。決して「アウア」のような長い音形ではありません。

⑪ We appreciate *your* **call** DOWNLOAD2 06 57

　句末原則にあてはまっていますが、トーンは降昇調です。降昇調は下降してから上昇するので、音が長くなります。この call もかなりの長さです。降昇調を使うことで、続きがあることを示しています。なお、ここでは appreciate の -c- を [s] と発音していますが、[ʃ] のほうが一般的です。

⑫ *and* will *be* with *you* very **shortly**. DOWNLOAD2 06 58

　句末原則が素直にあてはまっています。下降調です。and は弱形ですが、高く発音されているため、耳に残ります。なお、機能語の will と with を強くすることで、will be ｜ with you ｜ very ｜ shortly という強弱 4 拍のリズムが生まれています。

あとがき

　最後までお読みいただき、ありがとうございました。

　BE を BE たらしめているのは、母音や子音以上に、韻律、リズムとイントネーションです。それをわかってもらいたい。その気持ちから本書を書くに至りました。

　正直なところ、本書は無謀な試みです。類書がないだけに、執筆は手探り。ナディアさん作成の英文の音声は、手加減なしです。その韻律を分析し解説するため、何度も書き直しました。結果、出版までに9カ月。昨今の出版界では、そんな悠長な本作りは許されないのが普通です。しかも、BE の韻律はニッチな分野。市場も小さく、無謀にもほどがあります。

　それでも、本書は世に出られました。学術書を手掛ける研究社さんだからこそです。本当に根気よく付き合っていただきました。その甲斐あって、前著『イギリス英語でしゃべりたい！』の上を行く、濃密かつ有益な本に仕上がりました。

　どうぞ、本書に著した内容を何度も口に出して練習し、日本人にはまれな、BE の韻律を操れる人になってください。

　ところで、ボクは 2013 年に大学教授をやめて、独立しました。そのほうが世の中の役に立てる。そう考えたからです。その一端が本書です。実は、本書で述べたことは、大学や大学院の授業では伝えきれないものでした。でも、大学の外には、みなさんのように、ボクが研究してきたことを必要とする人がいるのです。その人たちの役に立ちたい。その気持ちから独立したのです。そんなボクは現在、BE の発音指導のほか、発音指導法研修、プレゼンやコミュニケーション技術の指導、発音矯正（AE も含む）も行っています。

　こうした機会を通じて、いつかみなさんと直接お話しできることを楽しみにしています。

2024 年 2 月

小川直樹

● 著者紹介

小川 直樹（おがわ・なおき）

　英語音声学者・コミュニケーション向上コンサルタント。上智大学大学院言語学専攻博士前期課程修了。1998年、イギリスのレディング大学で研修。立教女学院短大から聖徳大学教授を経て、2013年コミュニケーションのコンサルティング会社 Heart-to-Heart Communications（http://www.htc-c.net/）を設立し、代表取締役を務める。20年以上の女子大と教員研修での指導経験をもとに、英語発音・プレゼン技法・人間関係の技法などを一般に伝えている。著書に『イギリス英語でしゃべりたい！ UK発音パーフェクトガイド〈新装版〉』『イギリス英語で音読したい！ UK音読パーフェクトガイド』『イギリス英語発音教本』（研究社）など。

ナディア・マケックニー（Nadia McKechnie）

　ライター・ナレーター・英語講師。イギリス・ロンドン出身。すでに25年以上にわたって英語教材制作と指導に携わっている。「基礎英語」2、3をはじめ、教育からコマーシャルにわたる幅広い分野でナレーターとして活躍。イギリス英語のもっとも信頼できるナレーターとして、各出版社、テレビ局から多くの仕事を請け負う。執筆活動も精力的で、著書に『〔ドラマ仕立て〕イギリス英語のリスニング──楽しく学ぶ！ ロンドン暮らし12か月のストーリー』（研究社）など。

● 編集協力
望月羔子・高見沢紀子
● 音声編集
佐藤京子・左右田勇志
● 音声吹き込み
Nadia McKechnie・Michael Rhys・Peter von Gomm・Edith Kayumi

もっとイギリス英語でしゃべりたい！
UKイントネーション・パーフェクトガイド
〈新装版〉

● 2024 年 3 月 29 日　初版発行 ●

● 著者 ●

小川直樹

ナディア・マケックニー（Nadia McKechnie）

Copyright © 2024 by Naoki Ogawa and Nadia McKechnie

発行者　●　吉田尚志
発行所　●　株式会社　研究社
〒102-8152　東京都千代田区富士見 2-11-3
電話　営業 03-3288-7777（代）　編集 03-3288-7711（代）
振替　00150-9-26710
https://www.kenkyusha.co.jp/

KENKYUSHA

装丁・組版・レイアウト　●　株式会社 イオック（目崎智子）
音声編集・製作　●　株式会社 東京録音
印刷所　●　図書印刷株式会社
ISBN978-4-327-44123-4 C1082　Printed in Japan